今天，也要順順過

讓生活不卡關的祕訣100

植西聰

楓葉社

前言

總覺得最近過得不太順利。
不僅經常情緒低落，連工作也提不起勁。
甚至總是被別人牽著走，無法擁有自己的時間。
我想無論是誰，難免都會遇到這種狀況。
因此本書會介紹一些方法，幫助你脫離這樣的狀態。

想讓人生順利，首先必須擁有盟友。
無論多麼成功的人，基本上都無法靠一己之力完成一切。
唯有獲得他人的喜愛與支持，才能一步步邁向理想。
只要擁有自己的粉絲，就能讓所處的環境變得愈來愈美好，最終成為理想中的自己。

為了達到這個狀態，最重要的是要鍛鍊自己的內心。包括保持內心的純淨、擁有積極的態度、樂觀的思考方式，以及帶給他人喜悅的習慣等等。

因為閃閃發光的人，才會吸引他人主動靠近。

倘若能讓周遭的人覺得「跟這個人在一起能得到力量」、「能燃起希望」、「會變得更有精神」，那麼好運自然也會站在你這邊。

換言之，只要你能在珍惜自己的同時，也讓身邊的人感到幸福，就能一輩子擁有強大的好運氣。

在本書中，我會為你介紹100個贏得人心、朝理想中的自己邁進的小祕訣。

請各位不要只是閱讀書中的內容，也試著付諸實踐，如此一來，你必定會發現：「總覺得每天都過得好順利！」

在此期許每一位讀者，都能藉由這本書朝夢想更近一步。

希望本書能對你有所幫助。

植西聰

目錄

第1章

透過樂觀思考讓生活更加順利

第2章

透過增加盟友讓生活更加順利

第3章
透過輕鬆的行動讓生活更加順利

第4章 善用「喜歡」讓生活更加順利

第5章

透過取悅他人讓生活更加順利

第6章 善用想像力讓生活更加順利

第1章

透過樂觀思考讓生活更加順利

001

用正向的話語鼓勵自己

無論是誰，在意想不到的時候遇到麻煩都會感到不安。

但就算只是發生一些小意外，例如身體不舒服，或是工作進度不如預期等等，也不應該忽視那份不安的情緒。

畢竟在這種時候，愈是累積負面的想法，反而會讓好運更加遠離你。

所以當你遇到某些令人不安的狀況時，我會建議你用正向的話語來鼓勵自己。

最好如以下範例般，對自己說一些充滿希望、能提升幹勁的話語：

1●「我還年輕！」

2●「如果是我，肯定可以順利辦到的！」

3●「我的運氣很好，所以絕對能實現夢想！」

只要對自己說出這種充滿能量的話語，透過言靈（寄宿在語言中的神奇力量）的力量，情況真的會好轉。

因此，將正向的話語說出口，藉此激勵自己是很重要的。

當你像這樣施加自我暗示後，原先的不安情緒也會頓時一掃而空。

此外，在說出這些話語的同時，也可採取一些具體行動來消除不安。

舉例來說，如果你覺得身體哪裡不舒服，可以翻閱家庭醫學書，或是去看醫生確認症狀。

只要知道該怎麼處理，心情自然也會輕鬆許多。

充滿力量的話語能為我們帶來好運

002 把討厭的事情看作是成功前的排毒

世間萬事，其實全看你怎麼看待，有時只要轉個念就能朝好的方向發展。

在成功人士當中，也有許多人擅長用樂觀的態度看待萬事。

無論發生什麼事情，他們都會認為：「這是讓我變得更加幸福的必經過程。」

所以當你遇到讓你情緒低落的煩心事時，可以將它當作成功前的排毒現象。

要知道，黎明前總是最黑暗的時刻，在閃耀的夢想實現之前，稍微感受一下黑暗也無妨。

因為朝陽終究會升起。

今後遇到不順心的事時，就告訴自己：「我快要成功了。」

雖然這件事可能不太容易做到，但世上有很多人正是將逆境當作跳板成功的。

畢竟萬事順利其實更讓人感到不安。

稍微發生一些不如意的事情，反而會有種在排毒的感覺，讓人不禁覺得之後應該會有好事發生。

但請你記住，即便遇到討厭的事情，也不要就此一蹶不振。

因為負面能量非常強大，有時甚至會奪走你繼續生活下去的力量。

當你的腦中快要被負面的想法佔據時，請用強勢的態度告訴自己：「邪氣通通給我退散！」如此一來，負面情緒自然會逃之夭夭。

「邪氣會招來更多邪氣。」

我相信這句話是真的。

所以，用樂觀的態度去面對討厭的事情是很重要的。

003 遇到麻煩時，要覺得很幸運

發生在自己身上的壞事，其實都是有意義的。

這個世界不會發生毫無意義的事情。

因此你可以認為：「所有的事情，都是神明傳來的寶貴訊息。」

神明是希望我們變得更好，才會透過「麻煩」這種形式給予我們提示。

面對那些麻煩事，如果只是一味地抱怨、不滿、發牢騷，那麼事情絕不可能往好的方向發展。

若想從遇到的麻煩中接收到神明的提示，你能以這種方式去思考：

1● 被上司罵了。→感謝他指出我需要改進的地方。

2● 在工作上犯錯。→幸好能知道自己的不足之處了。

3●不小心出言傷害了別人。→學到以後絕對不能再說這句話。

如果你能將這些麻煩當作讓自己變得更好的機會，那麼無論遇到什麼事情，你勢必都能坦然面對。

如此一來，你的內心也會不再懼怕所謂的麻煩。

如果你想實現夢想，不妨好好思考這些麻煩裡是否藏有某些小幸運。

或許每個麻煩，都是讓你發現自身不足的好機會。

換個角度思考，將麻煩視為「好機會」

004

對所有的事情都心懷感謝

人生在世，難免會經歷痛苦、不安、嫉妒等各種負面情緒，但與其被這些情緒吞噬，不如試著去想：「這些負面情緒，其實是幫助我蛻變成長的契機。」

畢竟唯有體會過負面的情感，才能讓你理解他人的痛苦，也能反省並提醒自己不要再陷入同樣的情緒，所以它是我們成長過程中不可或缺的東西。

無論發生什麼事，「懷抱感恩之心」才能讓我們真正地活在幸福之中。

當你心懷感謝時，內心自然會得到淨化，也不會再吸引壞事靠近，進而遇到好緣分，變成一位討喜的人，運勢也會隨之提升，就算遇到麻煩，也只是輕傷小事就能化解。

由此可知，對生活中發生的每一件事情心懷感謝，便是邁向幸福的關鍵。

將不安與嫉妒轉換為感謝

005 盡快驅散負面情緒

一味地過著充滿負面思考的生活方式，可能會讓不好的「氣」不斷附著在你的心靈和身體上。

相反地，若能轉為正向思考，並讓自己時時保持正能量，不好的氣場自然會被彈開。因為正向思考的人彷彿擁有一層防護罩，使那些負面能量無法滲透。畢竟他們擁有強大且無所畏懼的內心，無論發生什麼事，都難以動搖。

當你覺得不好的氣場即將來臨時，就要盡快將它趕走。

這時我會建議你做一些讓身心靈感到愉快的事情。

同時也能將能量集中，致力於讓自己過上喜歡的生活。因為當我們專注於創造正向的狀態時，那些糾纏不休的負面氣場也會漸漸消散無蹤。

做一些讓身心靈感到愉快的事情

006

相信壞事不會持續太久

佛教中有一句話叫作「諸行無常」。

意思是：「世間萬物皆在變化之中，沒有什麼是永恆不變的。」

即便自己現在處於不好的狀態，那個狀態也不會永遠持續下去。

不過同樣地，好的狀態也無法永遠保持。

因為人生本來就是好壞交錯，任誰都會經歷一些起伏與挫折。

倘若能一帆風順自然是最好的，但就算偶爾遭遇不順，只要想著這些事都是為了讓自己覺察自身的不足，便會反過來感謝這些事情的發生。

當然，總是壞事纏身的人也不在少數。

如果你有這種情況，則需要利用一些方法讓壞事不再延續。

壞事終將會遺忘

另外，佛教裡還有「光陰藥」這個說法。
它的意思是：「再怎麼痛苦的事，時間終將會療癒一切。」
無論是「摯愛的人因意外驟逝」、
「因為公司業績不佳而被解約」、
「交往多年的戀人最終分手」……
這些悲傷的經歷，最終都會隨著時間逐漸淡忘。
正因為人類會遺忘，煩惱才不會永遠纏繞著我們。
雖然發生壞事的當下確實會感到極度不安，但你可以告訴自己：
「這是讓我成長的契機。」
「這是讓我向上邁進的好機會。」
這才是最正確的作法。

007

將生活中的不順利當作是在淬鍊自我

「總覺得哪裡不對勁。」
「最近總是不太順利。」
「運氣好像變差了。」

當你有這種感覺時，應該趁自己尚未被負能量吞噬前，將其轉化為正能量。

有時事情進行得不順利，或許是神明在溫柔地提醒你：「該休息一下了。」

正因為你太過努力，倘若再繼續強撐下去，可能會引發更嚴重的問題，甚至損害健康，所以神明才會透過這些狀況叫你好好休息。

這時只要好好休息，運勢自然會回升。

因此，當你遇到瓶頸時，我會建議你不妨一邊休息，一邊善用時間來好好淬鍊自己。

與其渴望金錢和物質，不如讓內心變得堅強而美麗

但若想成功淬鍊自己，最重要的還是要學習如何讓內心變得更堅強且美麗。

因為當狀態不佳時，我們往往一心想要變得更成功，結果反而會讓整個節奏亂了套。

在那種狀態下，人類容易被物質慾望支配，從而忽略內在精神的重要性。

若不能重視內心的世界，則無法真正地抓住幸福。

要知道，愈成功的人，愈重視內心的世界。

正因為他們會去實踐學習到的知識，才得以成功。

如果你真的很想成功，首要做的就是淬鍊自己的心靈。

008

去能量景點走一走

所謂的能量景點，是指充滿良好能量、磁場優異的地方。

像是位於東京郊外的高尾山、市中心的皇居、明治神宮、三重縣的伊勢神宮、島根縣的出雲大社等等，都是非常知名的能量景點。

當然，住家附近的神社，或空氣清新的山區和海邊，也是很好的能量景點。

當你感到情緒低落時，我會建議你前往這些只要站著就能感受到良好「氣場」的能量景點走走。

這樣你那因為壓力而疲憊不堪的身心，都能獲得淨化，並重新煥發活力。

此外，和重要的朋友或家人一起去走走，也是不錯的選擇。

前往能量景點時，也可聊一些充滿希望與夢想的快樂話題。

因為只要待在「氣場」良好的地方，人的意識空間也會隨之擴展，自然而然便會浮現許多正向的想法。

如此一來，彼此的運勢都能得到好轉，並將負面的東西排除出去。

這樣內心也較不容易受到邪氣入侵，從而使我們遠離不幸。

讓自己和周遭的人都沐浴在好運之中。

倘若你只顧著讓自己幸福，有時反而會使你走向不幸；但如果你懷著「我想讓自己與身邊的人都幸福」的想法，那麼幸運女神勢必會對你伸出援手。

所以，試著規劃來一場旅行，與重要之人一同前往能讓運勢瞬間好轉的能量景點吧。

相信這樣不僅能提升自身的運氣，也能讓你的重要之人的運勢變得更好。

「氣場」良好的地方能為我們帶來好運

009

珍惜自己不擅長應對的人

無論是誰，想必都不喜歡與自己不擅長應對的人接觸。

因為與這類人相處，往往會讓你感到喘不過氣。

尤其在職場上，難免會遇到一位與自己合不來的人。

但如果你主動釋放出厭惡的氣場，那麼你們的關係只會愈來愈惡化。

而且這種負面氣場，有時甚至會在不經意之中流露出來。

反之，倘若你能溫柔對待那些不擅長應對的人，就算可能要花一些時間，對方終究會對你產生好感。

只要你能告訴自己：「這些讓我覺得不舒服的人，都是神明派來讓我成長的使者」，那麼心情多少會輕鬆一些。

如果身邊有個人總是愛刁難你，那他的內心可能曾經受過傷，或是心靈沒有得到滿足。

正因為內心空虛，所以會嫉妒他人的魅力，甚至表現出不友善的態度。這時如果你能告訴自己：「這個人是因為內心空虛，才會變得如此刻薄」，或許就能以溫柔的態度去接納他。

據說江戶時代有位名叫良寬的和尚，很會鼓勵人，因此深受村民的喜愛，但這也讓村裡的一位船夫十分嫉妒他。

有一天，這位船夫故意把良寬載到河中央，並將他推下水。

然而良寬不但沒有生氣，甚至還一如既往地溫柔對待他。

這讓船夫非常懊悔自己的惡行，從此成為良寬的忠實支持者。

這個故事告訴我們，倘若大家都能像良寬一樣善待自己不擅長應對的人，這份慈悲便能拯救對方的內心，或許還能讓對方變成你的支持者。

刻意以溫柔的態度對待他人，並主動展現善意

010

選擇不依賴他人的生活方式

能懷著「想讓某人幸福」的心情去愛他人，並發自內心為這件事感到高興的人，更容易受到幸運之神的眷顧。所以如果你想一生都受到眾人的愛意圍繞，就必須注意不要過度依賴伴侶、家人或朋友。

話雖如此，但有時難免會感到寂寞難耐。

這種時候，最好去尋找能讓自己全心投入的事物，例如：興趣、手作、輕鬆的運動或舞蹈等等。只要將注意力轉移到其他地方，心情自然會逐漸好轉。

此外，也不要忘記多多照顧他人。

只要能從依賴他人的生活方式中畢業，並投入到不求回報的大愛世界裡，幸運就會不斷降臨在你身上，甚至能讓你在喜歡的工作上事業有成。

將注意力轉向其他事物，能讓心靈變得更加健康

011 愈是在痛苦時，愈要為他人而活

當我們感到痛苦或遇到困難時，往往會被自己的事情搞得暈頭轉向，甚至很多人會覺得：「現在哪有餘力為別人做些什麼啊。」

然而，正是這種艱難的時刻，只要我們選擇為他人而活，人生就會開始好轉。

不可思議的是，當你抱持著「想讓對方打起精神、想鼓勵對方、帶給對方快樂」的想法時，就會源源不絕地湧現出力量，讓你得以實現這些願望。

我想，這或許是神明送來的禮物——對於那些為他人而活的人，神明會賜予他們力量作為獎勵。

當你重振精神後，會頓時覺得自己原先的煩惱只是些微不足道的小事。

而且隨著能量提升，你對工作或戀愛的熱情也會逐漸增強。

為他人而活能讓我們湧現出能量

012 找出三種擊退壓力的方法

之所以會產生壓力，其實也是身體在告訴你：「去做些工作以外的事情吧」的警訊。倘若沒有察覺到這一點，負能量就會不斷進入你的身心靈，導致你無法吸收到正能量。

擔任寵物飾品販售員的久美小姐（化名），正從事著自己非常喜愛的寵物相關工作。

雖然平時壓力不大，但只要她太過專注於工作，就會莫名感受到一股壓力。

為什麼久美小姐會在從事自己喜歡的工作時感到壓力呢？

那是因為她沒有時間享受工作以外的事情。

有些人可能會覺得工作就是他的興趣，但我們人類只要沒有時間投入工作以外的興趣，精神狀態便無法保持穩定。

據說，為自己安排時間訓練大腦也能有效緩解壓力。

像是著色本、拼圖、看解謎書或畫畫等等，這種能活化腦部的嗜好，都可以帶來深層次的療癒效果。

為了緩解壓力，久美小姐嘗試了三個她一直有興趣、但過去難以實踐的嗜好：「參加藝術治療課程」、「上瑜珈課」、「準備色彩顧問檢定考」。

聽說自從開始投入工作以外的領域後，她的壓力便減少許多。

很多人也會選擇慢跑、登山等戶外興趣。

只要找到自己感興趣的嗜好，或許就能讓你的壓力逐漸減少。

找尋能讓你投入其中的嗜好

013

試著去感受生命的可貴

我想無論是誰，多少都會因為事情進展得不順利而感到自責，甚至無法找到自我價值。

但就算覺得生活很疲憊，也不應該輕視自己所擁有的生命。

我們之所以能來到這個世界，不僅是因為父母，也是多虧了祖先們。

而且人生在世，不會總是遇到壞事，有時也會發生好事。

請你將這點銘記在心。

每個人都是為了得到幸福而來到這個世界的。

之所以會遇到各式各樣的難題，是為了讓靈魂作為人類成長茁壯。

此外，只要繼續活下去，就一定會有好事發生。

因此，我會建議你重新去感受生命的可貴。

唯有活著，才能去愛人、享受大自然，也能被他人需要並受到感謝，而這一切都能為我們帶來滿滿的喜悅。

如果你無法找到生活的喜悅，也可將精力花費在讓別人開心的事情上。

倘若你現在感到十分痛苦，那只是因為你尚未發揮自己的無限潛能。生命的目的，就是為了愛自己與他人。

當你感到痛苦時，可以試著這麼想：

「我現在感受到的痛苦，是為了讓將來的自己能體會他人的痛苦，並且從事能讓他人感謝的工作。」

只要這麼想，你將能克服當下的難題，並對未來充滿希望。

人有無限的可能性

014

培養一顆不動如山的心

擁有不向任何事情屈服的精神，是讓我們克服各種困難的力量來源。

若想培養這樣的精神，可以掌握以下幾個訣竅：

1. 不要與他人比較。
2. 無論發生什麼事，都要將其當作有正面意義的事情看待。
3. 當壓力滿溢時，就去做能讓自己開心的事情。
4. 透過幫助有困難的人來釋放自己的能量。
5. 將所有不愉快的事情都視為成長所需的養分。

除了這些之外，當然還有很多其他方法，但不為任何事情動搖的精神，是透過

成功人士都很注重自身的精神健康

每天一點一滴累積鍛鍊出來的。

只要精神開始衰弱，即便只是發生一點小事，也會令你深感挫敗，進而無法將人生引導至好的方向。

多數成功人士都格外注重自身的精神健康，並且懂得如何正向看待生活中的困難或討厭的人事物。

倘若你身邊有一位成功人士，不妨向他請教培養堅毅精神的方法，或許能成為你改變自我的契機。

如果你覺得自己的內心還不夠強大，也可以從一些小地方開始，一點一滴地慢慢鍛鍊。

015

磨練自己、培養感性、持續學習

唯有選擇踏上艱難到讓人想逃跑的荊棘之路的人，才能培養出真正的實力，並贏得成功的人生。

追求輕鬆是人類的天性，但若想擁有成功的未來，並能隨心所欲地生活，就必須成為某個領域的專家，否則很難真正地獲得成功。

只要成為真正的專家，不論受到多麼惡意的對待，都不會被打倒。

此外，真正優秀的人會懂得欣賞你，讓你能一生在那個領域中立足。

雖然在成為真正的專家之前，這條路必然充滿嚴苛與險阻，但只要你有幹勁與熱情，終將能實現夢想。

你必須專心鑽研那條道路，努力學習到任何人都無法隨意對你的技術與知識指手畫腳。

如此一來，你的努力總有一天必定會以某種形式得到回報。

那些在社會中活躍的專業人士，也是因為拚命跨越了這些艱辛，才得以在他們的領域中穩定地立足，並享受那份努力後的獎賞。

努力與學習，是一輩子的事。

一旦停下腳步便無法進步，人生也會就此停滯不前。

人類永恆的課題，就是磨練自己、培養感性，以及持續學習。

這條荊棘之路，勢必能帶你通往內心充滿幸福的未來。

只要懷抱著「我絕對要靠自己喜歡的工作過活！」這種熱情去行動，我相信你一定能活出自己理想的人生。

苦難過後，必有回甘

016

養成反省的習慣

無論事情嚴重與否，我想在這世上每個人應該都曾做過一些無法對他人坦白的錯事。

「對重要的人撒了彌天大謊。」

「排擠競爭對手，搶走對方的工作。」

「忘記與客戶的約定，不小心傷害了對方。」

除了這些之外，或許還有些絕不能再犯的錯誤。

但人不是完美的，任何人都會犯錯。

只要能反省，並下定決心不再重蹈覆轍，那就沒問題了。

不責怪自己，積極地採取行動是非常重要的。

例如，如果你曾透過排擠對手獲得勝利，那下次就試著將工作介紹給他人，或是讓出某個機會吧。

只要另外找機會，將自己得到的部分回饋給他人，你的運氣就不會因此變差。

反之，如果沒有謙虛反省的心，便永遠無法得到幸運之神的眷顧。

佛教中有一個詞叫作「床座施」。

其寓意在於勸戒世人：搭電車時要讓位給長者和行動不便的人，在職場上則應該把地位或工作讓給對手。

因此，當你犯下重大的錯誤時，不妨以床座施的精神將某些東西讓給他人，這樣就能彌補自己的過失，讓精神層次大幅提升。

所謂的精神層次，正是指我們的生活層次。

而「禮讓」便是一種能讓自身靈魂發光的美好行為。

只要將好事回饋給他人，便能讓運氣好轉

017 對嫉妒的情緒一笑置之

當一個人照著自己的方式生活並順利前進時，時常會遭到他人嫉妒與忌妒，有時甚至會被無端誹謗中傷。

這便是所謂的「樹大招風」，就像人們稱名氣帶來的中傷為「名人稅」一樣，無論是誰，難免都會遇到這種事情。

但只要不因此氣餒，總有一天會迎來開花結果的時刻。

反之，如果你正走在邁向成功的路上，那你就必須注意不要隨便詆毀他人。

尤其人們往往會對那些在自己嚮往的領域中取得成功的人心生嫉妒，進而產生惡意，若這時候說了別人壞話，那總有一天自己也會被他人以同樣的方式對待。

畢竟，一個人的行為，終將如實反映在自己的運氣上。

「名人稅」是自己努力的證明

第2章

透過增加盟友
讓生活更加順利

018

讓自己的內心常保活力

總是開朗又有活力的人，往往能受到大家的喜愛。

畢竟只要和他們待在一起，就會感受到一股正能量，因此人們自然而然會想靠近這樣的人。

若想成為開朗又有活力的人，可以參考以下幾個訣竅：

1. 到自然生態豐富且美麗的地方走走。
2. 前往神社等充滿正能量的地方。
3. 將取悅他人當作興趣。
4. 時刻注意自己的身心健康。
5. 無論遇到什麼逆境，都要找到其中正向的部分。

6●找一個能夠傾注愛的對象。

除此之外，只要你心中懷有想幫助他人解決煩惱或困難的想法，就會從身體深處湧現出一股連自己都無法想像的力量。

或許正是因為那份想幫助他人的心意，神明才會賜予我們力量。

所以當這種念頭愈發強烈時，人就會自然散發出充滿活力的光芒。

反之，倘若一個人總是只想著自己，則會變得愈來愈虛弱，身邊的人也會一個接一個離去，最終導致運氣變差，甚至厄運纏身。

那樣就算長命百歲，想必也不會快樂。

但只要精神層面健康，無論是疾病、討厭的人，或麻煩的事情都不會靠近你。

若是可以選擇，相信大家都想成為神采奕奕、散發著光芒的存在。

麻煩不會靠近充滿活力的人

019

在家好好放鬆

在一生當中，既然有狀況絕佳的時候，自然也有狀況不佳的時候。

當你狀況不好時，最好盡量別和他人見面。

因為人類在身體和精神皆處於低潮時，往往無法順利表達自己的想法，腦袋也會變得遲鈍，因此難以取得好成果。

而且就算與他人見面，也可能會讓對方覺得「跟這個人在一起好累」、「感覺運氣很差」、「好像散發著一股負能量」等等，從而留下不好的印象。

容易受到他人喜愛的人，大多是誠懇、開朗且好相處的人。

除此之外，有些人也喜歡個性獨特、學問博廣、情感細膩的人，但首要條件還是相處起來是否舒服。

所以當自己狀況不佳時，只要時間允許，最好的方式就是在家好好休息。

讓自己儘早脫離負面狀態

你可以看喜歡的電影、閱讀喜歡的書、好好保養自己，做一些能讓自己感到幸福的事。

像這樣療癒自己，可以幫助我們從低潮中脫身。

反之，如果沒有適時地為自己充電，則可能使我們長期處於不穩定的狀態之中，進而發生危險。

因此，定期讓自己在家放鬆一下，可以說是擺脫負面狀態的關鍵。但有時礙於某些原因，即便狀態不佳也得與他人見面，這時就要靠笑容來應對。

笑容這個表情就像一種魔法，即便你身處於痛苦之中，依然能讓他人感受到你的善意。

為了展現出甜美的笑容，你可以告訴自己：「見完這個人之後，去吃些美味的東西吧！」如此一來，你自然而然會對這件事產生期待。

020

擁有一個能讓自己全心投入的世界

當你擁有一個可以全心投入的世界時，無論遇到什麼不愉快的事情，都能將壓力一掃而空。

擁有一個能讓你投入其中的世界，就是具有如此強大的力量，因此非常適合用來照顧心靈。

即便是在戀愛中容易對伴侶產生依賴的人，只要有其他能傾注熱情的事物，便能將注意力轉移到不同方向，並且在各方面產生正能量。

此外，擁有可以投入的事物，也能讓你的個人魅力提升，變得更受人喜愛。

尤其是對於那些期望有天能將自己喜歡的事情當成工作的人來說，若能為實現夢想而全心投入於某件事，必定能取得不錯的成果。

倘若年輕時就擁有一個能全心投入的世界，年老之後也會過得很幸福。

而且，有一份能持續到老的工作，能讓我們每天都過得神采奕奕，絲毫不會感到空虛。相反地，如果年輕時只是一味地沉迷於戀愛，或沈溺於短暫的玩樂，其代價將會在老年時期慢慢浮現。

為了避免這種情況，我會建議你尋找一個能傾注熱情，並且讓你快樂到無法自拔的世界。

近年來，愈來愈多的人將運動當作職業，例如：瑜珈、伸展、跑步、健走等等，這類有益於健康與美容的運動，可說是愈來愈受歡迎。

甚至也有不少人，一開始只是當作興趣，久而久之便成為了專業教練。

也有許多人喜歡在家中享受手工藝、烘焙、家庭園藝等生活樂趣；同時還有一些人，起初只是為了教朋友編織或縫紉，最後卻在家裡開設了手作教室。

他們原本都只是將其當作興趣，卻在不知不覺中深陷其中，最終變成了自己的職業。所以一旦找到那個能讓你熱血沸騰的世界，就盡情去享受它吧。

就算上了年紀，也能過得神采奕奕

021

告訴對方你是他的支持者

相信這個世上沒有人會排斥願意支持自己的人。

渴望更多的支持者可以說是再自然不過的事情。

畢竟每個人都需要幾位能幫助自己減輕壓力的同伴。

所以當你覺得「這個人感覺不錯」或「想支持他」時，請試著告訴對方你是他的支持者吧。

聽到這句話，對方勢必會由衷地感到高興，並且回以支持。

雖然只是一句簡短的話，但只要誠心誠意地告訴他：「我是你的支持者」，這句話就會深深地刻印在對方心中。

若能將這句話傳達給更多人，人生自然會變得更加豐富，運勢也會隨之提升。

與其樹敵，不如多結善緣才能事事順利

022 不使用負面的詞語

我們在聽到對方抱怨或說他人壞話時，通常都沒辦法保持好心情。而且一旦不小心附和了這些充滿惡意的閒話或負面言論，自己的運勢也會隨之下降。

所以，光是不使用負面的詞語，就能讓好運站在自己這邊。

此外，當你對自己說出消極的話語時，也會使良緣逐漸離你遠去。

例如：「我已經不年輕了」、「不知道會不會順利」、「真擔心能不能維持生計」等等，這類話語一說出口，就宛如下達自我暗示般，讓事情真的往壞的方向發展。

反之，經常使用正向語言且充滿朝氣的人，無論是在工作方面還是人際關係上都會格外幸運。因此，你身邊若是有人習慣說些負面的話語，不妨可以試著找機會切換成開心的話題。

使用正向語言能為你帶來良好的人際關係

023

打造療癒系形象

在現今社會，只要角色可愛，不論推出玩偶還是周邊商品都會廣受好評。這或許是因為每個人都承受著許多壓力，內心非常渴望被療癒的關係。所以你如果想更加受人喜歡，可以試著將自己的穿搭改變為療癒系風格。

若你原本給人的印象比較銳利，宛如「幹練的職場人士」，使人難以靠近，那我會建議你嘗試穿著溫柔或淡雅色系的服裝。

只要像這樣改變形象，你會驚訝地發現人們不再對你產生負面印象，甚至願意主動接納你。

此外，在傾聽他人說話時，時刻保持微笑，也能讓你自然而然散發出療癒系的氣質。

而懂得站在對方的立場為他設想，也能營造出溫柔的氛圍。

若想塑造出療癒系形象，可以從以下幾個心態開始著手：

1●心胸寬大，舉止從容。
2●不過於貪婪急躁。
3●保持積極且自然的狀態。
4●臉部與嘴角要時常帶著微笑。
5●即便對方做出令你不快的事，也別責怪對方，而是先詢問對方這麼做的原因。

人們總是會想支持、幫助那些能療癒自己的對象。
因此，為了提升自己的運勢，我會推薦大家試著打造出療癒系的形象。

擁有溫柔氣場的人更容易被他人接納

024

穿著能給人好感的服飾

什麼樣的穿著打扮能讓人提升好感度呢？

其中一種就是給人高雅、知性且乾淨印象的穿著。

這種風格通常較容易受到大眾的喜愛。

如果你平時並不是這種穿搭風格，那麼在關鍵時刻轉換一下形象也是個不錯的選擇。

身為保險公司業務員的美里小姐（化名）剛進公司時穿著比較花俏，說不上有氣質。

但她後來參加了一場提升形象的研習，並從講師那裡得到許多建議，最終決定將穿搭風格轉為清新高雅路線。

畢竟美里小姐本來就是一位個性開朗、充滿活力的人，只要跟她說話就能感受到親切感，因此十分討喜。

可惜外表過於花俏，所以第一印象總是不太好。不過，自從她改成好感度較高的穿搭後，整個人都煥然一新，變得非常有氣質，並且接連不斷地拿下合約，最後成為了部門中業績最優秀的員工。

美里小姐的例子告訴我們：「只要轉變成大眾喜愛的高雅形象，就能同時提升好感度與事業運。」

尤其是在工作方面，面對品味各異的客戶，展現出高雅整潔的氣質更容易受到歡迎。

視覺效果也是一種展現內在魅力的方式，所以塑造形象時必須格外注意。

至於你自己喜歡的獨特穿搭風格，就留在工作以外的時間盡情享受吧。

關鍵時刻，最好選擇大眾喜愛的形象

025

成為氣氛製造者

只要那個人在場，整個空間都會瀰漫著一種明亮開朗的氛圍。氣氛也會變得十分溫馨，每個人都和樂融融。

這樣的人毫無疑問是一位氣氛製造者，同時也是容易受到大家喜愛的類型。反之，總是面帶陰鬱、沉默寡言的人，則很難展現出自己的魅力。

若想成為氣氛製造者，就必須讓自己從內在散發光芒。

雖然外在的打理也很重要，但由內散發出來的光芒，擁有足以讓外表也隨之閃耀的力量。

倘若想創造出這種從內而外散發的光芒，就必須讓自己的內心充滿幸福。

如此一來，這份幸福將會自然而然地表現在你的臉上，進而散發出足以吸引他人的氣場。

相反地，當你的內心十分空虛時，就會顯得過於急躁、慌張，甚至扯人後腿，並在無意中散發出負面的氣場。

為了讓自己沉浸在幸福之中，你可以努力保持身心健康、自然地去享受愛上某人的感覺，或做一些讓自己心情愉快的事情。

這樣你就能成為帶動大家情緒的存在，並且受到眾人喜愛，進而獲得更多的工作機會。

當自己被幸福填滿時，那份幸福的氣場會自然地感染周遭的人。

讓他人感到幸福是一件非常美好的事，但只有能滿足自身內心的人，才能真正地帶給他人幸福。

請先讓自己感到幸福

026

成為懂得為他人著想的人

當內心沒有餘裕，或接連遇到不順心的事情時，你可能會變得只顧及自己。

然而，長時間這樣下去，幸運會離你而去。

因為人脈與工作機會，都是靠別人帶來的。

倘若你能在顧及自己的同時，設身處地為他人著想，勢必會更容易受人喜愛，並且接收到各種好工作，也會更接近理想中的自己。

那麼，所謂懂得為他人著想的人有什麼特徵呢？

1●能及早察覺對方的需求。

2●能明白對方不想被怎麼對待、不想被說什麼、不想被問什麼。

3●能掌握讓對方心情愉快的關鍵。

4 ● 喜歡看到對方的笑容。

5 ● 把逗對方開心當成一種樂趣。

像這樣能設身處地為他人著想的人，無論是在飯店、餐廳、旅遊業等服務業，還是醫療、福祉、零售、業務等任何職業中，都能有良好的發展。

懂得為他人著想的人，才能真正地受人喜愛；而不懂得為他人著想的人，則會使身邊的人逐漸遠離。

因此，我會建議你好好重新審視自己。

回應對方的期待，能讓他人對你產生好感

027

成為言出必行的人

對自己說過的話負責並付諸實行，便是所謂的言出必行。

在現今社會，有很多人只是隨口答應而未付諸行動。倘若你能在這種環境中成為一個言出必行的人，必定會愈來愈受到他人喜愛。

香織小姐（化名）就是一位言出必行的人。她經營一間派遣的禮儀講師公司，德才兼備且樂於助人的香織小姐，只要說：「改天介紹一個熟人給你」，就一定會幫忙介紹。所以大家都非常信賴她，也正因為如此，許多人都會介紹工作給香織小姐以表謝意。

其實，不論什麼工作都建立在人際關係上。

如果想被好工作眷顧，就應該向香織小姐學習，努力成為一位言出必行的人。

言出必行的人才能得到身邊眾人的信賴

028

真誠地接受他人的意見

人類通常不會太過嚴厲地批評他人。有時就算內心有所怨言，也會覺得難以啟齒。所以當你尊敬的朋友對你提出嚴厲的建言時，對方肯定是希望你能變得更好。雖然那些話可能會令你有些難受，但只要想著對方是為了你才特意說出口，便會產生感激之情。

那些成功人士，也是因為能坦然地接受逆耳之言，並懷著感恩與謙虛的心去面對與改變，才能迎來美好的結果。

受人喜愛的祕訣就在於坦率與謙虛。只要能坦然地接受他人的建言，你與對方的關係與自身都會朝好的方向改變。

不要忘記坦率與謙虛的心

029 學習敬語與禮儀

能說出優美的日語，會讓他人對你刮目相看。

此外，倘若你還具備良好的禮儀，就會被認為是個有魅力又優雅的人。

這樣的人無論在什麼場合，都能讓對方留下好印象，進而提升自己的運勢。

反之，如果他人對你的第一印象不好，將來想要扭轉印象，則必須花費相當多的時間與努力。所以在和初次見面的對象交流時，務必要多加小心。

一開始，你可以透過書籍學習。

市面上有許多教導如何正確使用敬語和社交禮儀相關的書籍。

若你覺得單靠閱讀有些吃力，也可參加一些敬語與禮儀的公開課程。

透過講師直接指導，我們能客觀地檢視自己的不足，並逐步改善。

此外，我也很推薦各位以身邊的禮儀大師為榜樣。

你可以先觀察身邊是否有人的日語說得非常優雅，或是行為舉止相當得體。倘若身邊就有這種對象，便能更近距離地觀察他們的細節動作，同時也會比較容易模仿。

不過，學習只是第一步，更重要的是在各種場合中實際應用。要完全掌握敬語與禮儀或許不太容易，但這絕對值得我們努力學習。因為這將會成為你一生的財富。

從書籍、講座，或是身邊的人學習

030

好好掌控自己的金錢與時間

如果你曾經借錢給朋友，而那筆錢最終沒有被還回來，你會有什麼感受呢？多半會感到不愉快，甚至覺得「不想再見到這個人了」、「沒辦法再相信他了」。

若是你與朋友約好見面，結果對方既沒聯絡又遲遲不來，應該也會有類似的想法吧。

由此可知，在金錢與時間方面不夠謹慎，可能會導致自身運氣下降，甚至使身邊的人不再信任你。

俗話說得好：「談錢傷感情。」

因此，最好的做法便是不要捲入金錢借貸的糾紛。

但若是家人或摯友真的走投無路、陷入困境，只要金額不大，還是可以考慮借給他們。

不過，千萬別期待那筆錢會回來，而是要懷著幫助對方的心情借錢給他。這樣借出的錢就會成為活錢（能發揮價值的錢），帶來良好的循環，並將福氣帶回自己身上。

總是抱持著「無論如何都要對方還錢」的心態，反而會讓自己的精神層次下降進而導致你的好運逐漸流失，因此要格外注意。

相對地，只要你能完美掌控自己的時間與金錢，身邊的人也會更加信賴你。久而久之，關於你的佳話勢必會流傳千里。

時間與金錢就是擁有如此強大的影響力，甚至關係到你是否能在社會上立足。所以，對時間與金錢保持誠實的態度是非常重要的。

不要捲入金錢借貸的糾紛

031

避免過度自傲

人類總是會忍不住想要誇耀自己。

然而，對於被迫聽你自誇的人來說，說得愈久愈是一種折磨，

甚至會讓人不想再見到你。

所以自誇其實是一種難以察覺的陷阱。

尤其是在戀愛方面，貿然在心儀對象面前提起自己過去有多受歡迎，多半會讓

對方覺得很無趣。

如果是能讓人感到開心或令人驚喜的事情，也許可以適度分享，但自誇的話題

還是點到為止就好。

比起談論自己的事，用心聽對方講他的得意事蹟，反而更容易受到他人喜愛。

畢竟與人交談時，壓抑自己的分享欲，才能讓彼此的關係更加和諧。

用心聽他人的得意事蹟，對自己也是一種學習

此外，如果你想提升事業運，也可以引導對方說出他的自豪之處。

例如問對方：「為什麼你的業績總是那麼好呢？」

這樣不但可以聽到對方的成功密技，對自己而言也是一種學習。

而且讓對方誇耀自己，也能使你在對方心中留下好印象。

因此，試著激發對方的自誇欲，讓他暢所欲言吧。

若你真的很想講自己的事，可以找一位能讓你暢所欲言的家人、戀人或摯友。

最好是找家人或摯友，因為他們通常樂於聆聽自身親友的幸福故事。

但千萬別對交情不深的人炫耀自己。

與其自誇，不如讓對方說出他值得誇耀的事，這樣才能建立良好的人際關係。

032

避免說不必要的話

我們有時會因為一句話受到抬舉，有時也會因為一句話備受唾棄。

倘若一句關心的話語就能讓他人站在你這邊，那麼一句無心的話，自然也可能斷送一段關係。

所謂的言語，根據每個人的使用方式不同，有時甚至能成為一種凶器。

光是一句多餘的話，就可能害你樹敵萬千，最終導致運勢下滑。

因此，我們要盡量避免談論以下內容：

1● 指出對方的缺點。
2● 把對方不願提起的過去告訴他人。
3● 爭吵時說出違心且傷人的話。

4●批評對方的家人或朋友。
5●指責對方的失敗。
6●嘲笑對方的身體特徵。

尤其是在爭吵時要格外小心。

當我們怒不可遏時，往往會說出一些傷人的話語。但如果你想與對方保持良好的關係，就要努力讓自己冷靜下來，並且試著主動退讓。

正所謂病從口入，禍從口出。即便你本意是讚美，有時也可能讓對方感到不悅，所以我們要根據對方的性格、說話的時機和場合慎選言詞。

對於重要的人，則更應該時時溫柔以待。

言詞會影響他人對你的好感度

033

擁有寬大的心胸

想受到他人喜愛，就必須擁有能包容對方缺點的寬大心胸。

所謂心胸寬廣，是指無論發生什麼事都能體諒對方的心情，並且懂得原諒。

像這樣用包容的心態去接納他人，勢必能博得對方的好感。

每個人都有缺點，倘若因為一點小事就討厭對方，或是抱怨不休，那麼大家自然會逐漸遠離你。

而且根據研究顯示，人類一旦生氣，體內就會流動大量的毒素，因此憤怒不僅會影響心情，同時還會損害健康。

反之，只要擁有寬闊的胸襟，便能守護自己的健康。

話雖如此，要時時寬以待人並不是一件容易的事。

那我們究竟該怎麼做，才能總是保持寬容的心呢？

寬恕他人便是善待自己

1●尋找對方的優點。
2●回想自己曾經從對方那裡得到的恩惠。
3●思考對方為什麼會做出令你不愉快的事，並試著理解對方的理由與心情。
4●像對待家人般，以溫暖的態度接納每個人。

只要實踐這些方法，就能時常保有一顆寬容的心。

人類往往難以原諒他人的過錯，但如果你能以包容之心寬恕他人，那麼你自己也會感到釋懷且充滿幸福。

讓我們養成寬厚待人的習慣吧。

034

仔細研究你想成為的理想人物

當心中有一個「我想變成這樣」的具體理想形象時，就能更明確地改變自己。

舉例來說，你可以去研究一個特定的對象，例如：演員、模特兒或藝人。

這時你會發現他擁有某些特點，例如：笑容可愛、聲音好聽、肌膚透亮、睫毛很長、站姿端正、穿搭很有品味等等。

此外，閱讀他們的隨筆或訪談，也能學習那個人的生活方式與價值觀。

只要掌握他們保持美麗的祕訣，就能從髮型等容易模仿的部分開始著手，久而久之，你會發現自己連笑法和說話方式都逐漸變得與對方相似。

由此可知，像這樣將憧憬人物當作目標，可以讓你變得更加美麗動人。

就算是從髮型開始模仿也沒關係

第3章

透過輕鬆的行動讓生活更加順利

035
跟隨自己的直覺

有些人的「直覺」特別準。

舉例來說，這類人能敏銳地察覺到伴侶是否有外遇。

這種感知能力通常被稱為第六感。

若想磨練直覺，不妨試著跟隨自己的感覺過生活。

例如，第一次見面時，大多數人都能靠直覺分辨出對方是否與自己有緣。

那些與你有緣的人所介紹的工作，往往蘊藏著好運。

反之，由讓你感覺不好的人介紹的工作，則可能帶來麻煩，或讓你一無所獲，甚至引發糾紛。

有時也會遇到一些難纏的人，因此我會建議你，只要覺得對方哪裡不對勁，就儘早斷絕來往，最好不要有所接觸。

即便對方提出看似有利的提議，也不要輕易接受。

雖然生活中經常會遇到這種狀況，但只要你能磨練出敏銳的直覺，就能愈加明確地判斷事情的好壞，運勢也會隨之迅速提升。

如此一來，好運自然會與你為伍。

當你感覺好運來臨時，只要順勢而為即可。

當你感覺狀態不妙時，則選擇逆流而行。

那些運氣好的人，大多都是依靠直覺行動的。

如果你想按照自己的步調活出成功的人生，即便某些事看似有利可得，只要直覺告訴你哪裡不對，就要勇敢拒絕。

用自己的直覺保護身心，是非常重要的。

一旦感覺不對勁就要勇於拒絕

036 與有行動力的人交朋友

個性積極且有行動力的人身邊總是會聚集許多人。畢竟大家都想像那個人一樣擁有強大的能量，因此自然會被吸引過去。反之，若總是和缺乏行動力的人待在一起，則會覺得愈發疲憊，且提不起勁。所以生性消極的人應該主動與積極且行動力強的人來往，藉此從他們那裡獲得能量。

光是與這類人相處在一起，就能讓自己充滿幹勁，甚至萌生出一股想要做些什麼的動力。

而這正是讓你按照自己的步調活出成功人生的必要條件之一。有行動力的人幾乎每天都在和各式各樣的人交流，為自己創造機會或掌握資訊。雖然這樣的生活十分忙碌，但也非常充實。

正因為他們每天都積極地行動，運氣自然也會隨之提升，最終在不知不覺中，將自己喜歡的事情變成工作。

那麼，該怎麼做才能和有行動力的人變親近呢？

1●讚美有行動力的人所擁有的優點。

2●用積極的心態與對方互動。

3●主動提供對方有價值的情報。

4●耐心傾聽對方的夢想。

5●認真回應對方的談話，讓對方開心。

只要做到這幾點，就能讓對方感到愉悅，如此一來自然會拉近彼此的距離。

凡事積極主動之人，好運自會相隨

037

適時喘口氣，才能重新打起精神

人類無法每天都保持在最佳狀態。

既然有狀況良好和心情不錯的時候，自然也會有身體不適或情緒低落的日子。

當我們身體狀況不好時，通常無法自己散發出正能量，因此也難以吸引到好事靠近。

而且臉色還會變得黯淡無光，使你無法在他人心中留下好印象。

這時不妨先停下來喘口氣，思考該如何讓自己恢復精神。

倘若實在不能請假休息，也可以試著在手帕上滴一滴自己喜歡的香氛精油，外出前先聞一下香氣療癒身心。

上班時也可以喝杯美味的花草茶，讓內心得到滿足，再繼續工作。

回到家之後，則可以試著保養臉部和指甲，盡情享受那種宛如在美容院的氛圍，如此一來便能體會到變美所帶來的幸福感。

此外，在家中悠閒地放鬆一下，撥空培養自身魅力，也是很重要的。

除了剛才提到的那幾點，還有以下幾種讓自己打起精神的方法：

1●處理掉房間裡不需要的東西，讓空間變得清爽整潔。

2●去吃自己現在想吃的東西。

3●到美容沙龍進行身體護理療程。

透過整理房間讓空間變乾淨、滿足自己的渴望，或是進行身體保養來提升美麗，皆能讓我們快速恢復精神。

刻意不與他人見面，好好療癒自己

038

即便遭到反對也要勇敢嘗試

若想按照自己的步調活出成功人生，就算途中遭到家人或朋友們反對，也必須貫徹信念、堅持到底。有時只要勇敢嘗試，結果往往會出乎意料地成功。

因為人類愈是遭到反對，反而愈能激起幹勁與鬥志，甚至會因此下定決心：「我一定要靠自己喜歡的工作闖出一片天！」

當然，有時也可能因為遭到反對而失去信心。

這種時候，就要找回初心，想想自己當初為什麼想做這份工作，如此一來就能再次燃起鬥志，繼續努力。

請將「不沮喪」、「不逃避」、「不氣餒」這三個信念牢記在心，尤其是在缺乏動力時，更要提醒自己：唯有不顧反對、堅持到底，才能邁向成功。

只要找回初心，就能繼續努力奮鬥

039 從失敗中學習

人們常說：「失敗乃成功之母」，這句話確實不假，因為唯有在經歷過失敗後，我們才能深刻體會到成功的訣竅。

那些能將失敗當作轉機，進而學會成功之道的人，會認真探究為什麼沒辦法順利成功，並深入分析找出真正的原因。一旦找出癥結點，他們會著手排除問題，加以改善。所以他們不會重蹈覆轍，反而能一步步邁向更華麗的舞台。

倘若不小心失敗，千萬不要置之不理，而是要去確認失敗的根本原因，這樣運氣的流向才能愈發順暢，事業運也會變得愈來愈好。

就算你平時鮮少經歷失敗與挫折，在遭遇失敗時，也可以試著從中學習一些寶貴的經驗。

只要從中學習，便不會再重蹈覆轍

040 成為有行動力的人

做事積極有行動力，並且活躍於各種場所的人，通常擁有廣泛的人際關係。他們往往能獲得各種機會，也能靠自己開創好運。

例如：去自己感興趣的店家或咖啡廳、到喜歡的地方旅行、參加有助於學習的講座等等，若能快速將這些想法付諸行動，人生的廣度自然會隨之擴展。

此外，你的內心也會變得更加感性，或許有助於你在工作上的發揮。

雖然也有人會經常出席異業交流會等大型聚會，但定期參加這種活動較容易讓人感到疲憊。

因此我會建議各位挑選重要的大型聚會參加就好。

相反地，行動力不足的人則容易錯失各種機會，在感性方面也會變得較為遲鈍。所以，就算只是慢慢推進也沒關係，最重要的是要持續行動。

若想成為有行動力的人，就必須養成在外享受生活的習慣。

首先，你可以試著增加外出娛樂的時間，例如：去喜歡的美術館逛逛、欣賞電影和舞台劇，或是在附近的公園健走等等。

享受居家活動固然重要，但我也希望你能偶爾走出家門，呼吸新鮮空氣、與他人交流或欣賞美好的事物，並從中獲得刺激。

在接受這些刺激的過程中，你或許會覺得外出變得愈來愈有趣。

你可以單純沐浴在陽光下吸一口新鮮空氣，或是欣賞生氣勃勃的綠意，聞聞當季花朵的香氣，只要能接觸到大自然的能量就足夠了。

我相信，這樣一定能為你我帶來某種收穫。

同時，也可以試著大膽地為自己添購一些休閒用的新鞋或新包包。

這樣會讓你更想出門，自然也會提升行動力。

當你能輕鬆地踏出家門時，好運也會隨之到來。

沐浴在大自然的能量中能為我們帶來收穫

041 盡量不拒絕別人的邀約

當我們被邀請參加派對或興趣聚會時，你答應參加的比例是多少呢？

據說，當人們遭到同一個對象拒絕三次，通常就不會想再邀請對方了。

如果是你主動邀請朋友或同事，卻一再遭到拒絕，肯定也會感到不高興吧，反之亦然。

如果是值得信賴的人邀請你參加活動，只要沒有其他安排，最好不要拒絕對方的邀約。

總是拒絕邀請的人，容易被認為不合群，最糟的情況下甚至會因此斷了人脈，運氣也會隨之下降。

唯有在直覺告訴你不要去比較好時，避免參加或許較為保險；除此之外，我會建議各位盡量接受邀請。

尤其是收到平時就很尊敬的人發來的邀請時，更要排除萬難參加，因為這類邀請有很高的機率能為你帶來好處。

所謂值得尊敬的人，就是值得信賴的人。

只要向這些值得信賴的人談論自己「想做這樣的工作」、「有這樣的夢想」，他們或許會從各個方面給予我們支援。

畢竟邀請方也不會想主動幫自己不信賴的人介紹工作或人脈，因此能收到值得信賴的人的邀請是一件難能可貴的事情，務必要好好珍惜。

倘若不小心錯失機會就太可惜了。

畢竟，工作和新的邂逅都是人帶來的。

一旦斷了人脈，得到新工作和新緣分的機會也會隨之減少。

如果你本身不擅長與他人交流，可以告訴自己這都是為了提升運氣，試著鼓起勇氣接受邀請。

久而久之，你自然會變得愈來愈有行動力。

積極回應值得信賴的人發出的邀請

042

善用每一段遇見的緣分

某位成功人士曾說過：

「能成為大人物的人，無論是再小的緣分都會好好珍惜，並加以善用。」

我認為這句話所言不假。

踏入社會後，除了職場上的人脈之外，還會有像是工作坊、講座、異業交流會、派對等各種結識新朋友的機會。

但大多數人就算遇到了新的緣分，通常也只是點到為止，並沒有真正持續發展下去。

真正能活用這些緣分的人，其實只佔少數。

所謂的緣分，是需要自己主動去經營和爭取的。

只要能順利將自己的魅力傳達給對方，對方或許就會主動聯絡你，但最重要的，還是要先自己去爭取機會。

例如，你可以在名片上花點心思。

名片可以說是自身「臉面」的一部分，現在有很多人會在名片上印自己的照片，或是在背面列出自己從事的事業以及取得的成就。

像這種有巧思的名片，勢必能引起對方的注意。

此外，也有不少人會使用一些自創的頭銜。

例如：北歐家具顧問、下町散步愛好者、甜甜圈研究家、紙膠帶收藏家等等，替自己取一個獨一無二、絕無僅有的個人稱號，也是吸引他人目光、拓展人脈的好方法。

如今，透過社群媒體等網路平台進行交流已是常態，因此善用各種工具來活用緣分，也是個不錯的選擇。

讓我們用自己的方式，將新的邂逅延續下去吧。

花點心思將新的邂逅延續下去

043

試著做一些不同於平時的行動

有些人每天都過著公司和住家兩點一線的生活。

這樣的人就算想改變單調的日常生活，大多也不知道該如何改善。

不過近年來，愈來愈多人開始培養工作以外的興趣嗜好。

畢竟光是在公司和住家之間來回，往往無法讓人感到滿足。

大家都希望能藉由增加自己的興趣來打破現狀。

對於過著單調生活的人來說，偶爾利用週末或假期安排一場重新審視自我的獨旅，是個不錯的選擇。

與家人、朋友或戀人一同旅行固然開心，但偶爾獨自前往一個平時不會去的地方，也是種新鮮的體驗，甚至能為我們帶來全新的領悟。

而且旅行具有所謂的「轉地療效」，即離開日常環境，透過品嘗美食或欣賞美麗的大自然與街景，入住舒適的旅館或溫泉地等行動，來紓解壓力並刺激五感。

此外，旅行能讓我們沉浸在放鬆的氛圍裡，你可以藉此機會好好思考自己的夢想，如此一來，或許就能知道今後該採取哪些行動。

將旅行中發生的趣事記錄在筆記本上，也能幫助我們轉換心情，進而提升行動力，讓我們更加堅定地朝夢想邁進。

旅行帶來的好處可謂數不勝數。

人只要長期待在同一個環境裡，久而久之，就會不知道自己想做什麼。

倘若長途旅行較難實現，也可以考慮就近找個觀光景點，安排一天來回的小旅行，亦可騎腳踏車或步行前往山區或公園野餐。

像這樣嘗試一些不同於平時的行動，不僅能讓我們釋放壓力，也能為身心帶來正面的影響。

同時，還能幫助你重新審視自己最想做的事情。

偶爾去美麗的地方或溫泉老街放鬆一下

044

今天能完成的事情，不要拖到明天

如果要比較哪一方的運勢流轉較為順暢，懶得行動的人自然比不過能迅速付諸行動的人，畢竟運氣愈好的人，愈能快速完成各種事情。

當掛念的事情遲遲沒能解決時，我們的內心可能會感到焦躁不安，甚至無法冷靜下來，因此我會建議各位今日事今日畢，以下幾個訣竅提供大家參考：

1. **早上起床或抵達公司後，先整理周遭的環境。**
2. **列出待辦清單，並設定優先順序，從最重要的事項開始著手。**
3. **告訴自己：「拖延會讓運氣下降。」**

只要能做到這幾點，就能打造出良好的運勢流動。

而且當你快速完成這些重要的事情後，內心深處也會感到無比清爽與輕鬆。

愈重要的事情，愈要早點處理完

045 堅信自己一定辦得到

有自信的人在心靈層面自然也很堅強，而且不會使用「不可能」這種詞彙。反而經常將「有可能」、「一定辦得到」、「絕對沒問題」等正面詞語掛在嘴邊。正因為他們相信自己辦得到，所以能湧現出源源不斷的行動力。

若想培養自信，成為一個能相信自己的人，我會建議你創造一個頭銜。畢竟在現今社會中，人們往往會根據頭銜來判斷一個人，因此是否擁有頭銜，會給對方留下截然不同的印象。

如果想擁有頭銜，你可以試著學習理想工作所需的技術，即便是從小工作開始做起也沒關係。只要能取得與工作相關的證照，就可以把資格名稱印在名片上。隨著頭銜、實績和證照的累積，他人對你的信任也會逐步提升。

只要相信自己，就能擁有光明的未來

046

試著設定一些小目標

夢想愈大，愈容易為理想與現實的差距所困擾。

宏大的夢想並不是馬上就能實現的。

唯有腳踏實地、持續不懈地努力，才能將成功掌握在手中。

倘若忘記這一點，你可能會對成功的人心生嫉妒，進而陷入煩惱，甚至感到空虛與痛苦。

在心理學中，有個「小步前進法則」。

這個法則指的是，只要一階一階慢慢往上爬，最終肯定能實現登頂的夢想。

所以，別一開始就想著要實現宏大的夢想，先專注完成眼前的事情吧。

如此一來，便能穩扎穩打地向前邁進，最終成功實現遠大的夢想。

舉例來說，保險公司的業務員第一次拜訪新客戶時，其實不用以成功簽約為目標，只要能順利將保險內容講解清楚就可以了。

先設定一個小目標，讓對方願意聽自己說話。倘若成功踏上一階，未來勢必也能順利通往下一階。

無論做什麼事情，最忌諱的就是太過急躁。

千萬不要著急，只要專心完成眼前的事情即可。

那些成功人士也是在日積月累的努力下，才建立起如今的地位。

因此，設立一個小目標，一步一步慢慢前進，是非常重要的。

只要成功踏上一階，勢必能順利通往下一階

047

模仿成功人士的做法

在你心中，是否有一位作為榜樣的成功人士，或是令你感興趣的成功人士呢？能在某方面成就一番事業的人，在初期基本上無論面對多麼簡單或理所當然的事情，都會腳踏實地、認真完成。

例如，發明白熾燈泡的愛迪生就在實驗中屢屢失敗，但他仍不氣餒地持續嘗試，最終才獲得成功。

愛迪生的事蹟告訴了我們：「持之以恆便是力量。」

只要不輕言放棄、持續努力，總有一天會有所成就。

大多數人就算找到自己喜歡的工作，通常也只會停留在學習階段就放棄了。

但能成功的人，即便知道一開始無法賺錢，仍會腳踏實地持續努力，最終將自己熱愛的事情變成職業。

就像「持之以恆便是力量」這句話所說的，那些成功人士往往能堅持做好每一件簡單的工作。

因此，我會建議你去閱讀一些自傳，研究自己感興趣的成功人士是如何達成目標的。

模仿能讓你開創屬於自己的道路

就算一開始只是模仿他們成功的方法也沒關係。

只要沿著成功人士走過的足跡一步步前行，終會慢慢開創出屬於自己的道路。

但若是模仿那些靠做壞事賺錢的人，最終只會讓你踏上毀滅之路。

因為那些靠不正當手段積累財富的人是假成功者，其財富遲早會消失。

可以模仿的，只有那些為人正直的真正成功者。

048

去見見那些從事夢想職業的人

如果能遇見正在從事自身夢想職業的人，勢必能為你帶來很好的刺激。就像喝了提神飲料般，能提升我們的幹勁和行動力，甚至讓你萌生出：「我絕對也要像這個人一樣成功！」這種念頭，進而提升動力。

化妝師佐和子小姐（化名）在從事現在的工作之前，曾是一位家庭主婦，生活全都仰賴丈夫，這讓她經常覺得過意不去，同時也感到有些孤單。

有天和丈夫吵了一架後，她開始厭煩這種依賴丈夫的生活。

以這件事為契機，她愈發渴望擁有賺錢的能力，並一邊參加各種課程，一邊展開了尋找自我的旅程。

在佐和子小姐參加的講座和研討會中，最令她感興趣的就是化妝師這份工作。

最後，她決定報名參加一位自己非常喜歡的老師開設的課程。

上課期間，她的腦海中經常浮現出自己作為化妝師工作的畫面。同時也對自己愈來愈有自信，相信只要努力，自己應該也能像老師一樣厲害。後來，她在課程中學到了扎實穩健的技術，如今已是一位能夠獨當一面的出色化妝師。

佐和子小姐的故事告訴了我們：「只要遇到正在從事自己夢想職業的人，就能讓我們更加清楚且具體地描繪出自己的未來藍圖，並大大提升邁向目標的幹勁與行動力。」

因此，我非常推薦大家去見見自己憧憬的人。

受到好的刺激能提升自己的動力

049

不要被年齡限制住自己

假設有兩個同齡，但想法不同的人。

一個人想著：「我已經○○歲了，再努力也沒用……」

另一個人則想著：「我才○○歲，人生還有許多值得期待的事！」

像前者這樣被年齡束縛、思考消極的人，通常較容易影響他人的情緒，久而久之，身邊的人可能都會逐漸遠離。

正因為受年齡束縛，不僅表情會變得暗淡無光，運氣也會愈來愈差。

反之，像後者這樣正向思考的人，則會給周遭的人帶來正面影響。

因為大家都會被這類人的魅力吸引，他們在工作上自然更容易得到他人的支持，將來成功的機率也會隨之提高。

不要總想著自己已經怎麼樣，而是要以「我還能做什麼」的心態去思考，抱持著閃耀的希望活下去。

畢竟，年齡只是個記號而已。

據說法國人普遍認為皺紋是一種美好的存在，並將其視為人生歷程的象徵。

我覺得這是一種非常好的想法。

因此，我也希望大家能像這樣珍惜當下的每一分每一秒，將精力投入到打造美好的未來上。

以《凡爾賽玫瑰》等作品聞名的漫畫家池田理代子女士，就在47歲時考上東京音樂大學聲樂科，如今亦作為一位歌劇歌手活躍於舞台上。

像池田女士這樣不在意年齡，過著精彩人生的人，才能永遠閃耀發光。

最重要的是要忘記自己的年齡，始終保持著一顆年輕且感性的心。

如此一來，直到生命最後一刻，你勢必都能過著璀璨人生，並感動身邊的人。

時刻保持「我才〇〇歲」的正向思考方式

050

儘早回覆訊息

會儘早回覆郵件或電話的人，通常較能提升他人對你的好感度。因為愈快收到訊息，愈能讓對方感到安心，亦能提升彼此的信賴。

而且快速回覆訊息也是一種體貼的表現，倘若你想珍惜對方，就應該避免回覆太慢。

無論什麼事情都不可過度拖延，如果一直將「必須回覆訊息」這件事放在心裡，隨著時間推移，你的心情只會變得愈來愈沉重，因此儘早回覆訊息、為自己減輕壓力，是很重要的。

雖然有時會忙於眼前的事務而無法立刻回覆，但若能善用零碎時間將事情處理完畢，幸運自然會隨之降臨。

儘早回覆訊息能提升他人對你的信賴與好感度

第4章

善用「喜歡」讓生活更加順利

051
好好思考自己的個性

你的個性如何呢？

這或許不是個能輕易回答出來的問題。

但我會建議你利用獨處時間，好好思考一下這個問題。

所謂的個性，就是能讓你展現出個人風格的魅力點。

「充滿幽默感，能逗笑他人。」

「看似安靜，但其實對搖滾音樂非常了解。」

「開朗又有活力，知道許多好吃的店家。」

像這樣仔細分析，你會逐漸明白自己擁有什麼樣的個性。

只要珍惜並發揮自己的個性，勢必能在工作中派上用場。

舉例來說，如果你總是像太陽般散發著明亮的氣場，那麼你或許很適合從事能帶給他人活力的職業，例如：護理師或保育員。

如果你喜歡傾聽，且具備高度共鳴能力，那也可以考慮成為諮詢師。

搞笑藝人們也是因為知道自己喜歡帶給他人歡樂，且具備幽默感，才能在那條路上發光發熱。

而新聞主播們則是因為了解自己擅長說話且充滿智慧，才得以在該領域中取得成就。

無法自我分析的人，也可以試著詢問家人、朋友，或尋求職涯顧問等專業人士的協助。

不了解自己的個性，會使你總是走上不適合自己的職業道路，從而無法過上理想中的人生。就算勉強去挑戰憧憬的工作，只要那份工作和自己的個性差異太大，無論你再怎麼努力，都難以成功。

因此，請先靜下心來，好好思考自己有哪些個性與特質吧。

活用個性才能找到更適合自己的工作

052

回想自己小時候擅長的事情

俗話說得好：「喜歡才能做得更好」，意思是只要將喜愛的事物加以培養，就能闖出自己的一片天。

人無法長時間做自己不擅長或不喜歡的事情。

正因為是擅長或喜歡的事情，才能長久堅持下去，進而打造出屬於自己的巨大魅力。

小時候全心全意熱愛的事物，其實蘊藏著豐富的可能性。

只要是自己曾經熱衷的事情，就都有機會開花結果。

職業歌手們大多也是從小就喜愛唱歌，並在成長過程中將這份才能加以培養，最終才成功將唱歌發展成自己的職業。

反之，有些事情無論我們嘗試多少次都無法得到好成果，這時就算看起來再有商機，也應該避免輕易涉足。

培養自己喜歡或擅長的事物，不僅能讓你感到滿足，成功率也會大幅提高。

例如，擅長畫畫的人可以考慮成為插畫家；體育成績優異的人可以從事運動相關的工作，試著想想有哪些工作能活用那些他人稱讚過的優點吧。

如果一時想不到自己擅長的事物，可以想想自己在做什麼事情時會完全沉浸其中，或是什麼事情能讓你樂在其中、無法自拔。

但千萬別以「薪水高低」作為選擇工作的指標。

因為那之中往往未必包含你真正擅長或喜歡的事物。

即便勉強自己從事那種工作，總有一天終究會被空虛感襲擊。

可以的話，我希望各位能找到一份能堅持一輩子的工作。

如果還能進一步透過對工作的熱情讓他人感到幸福，那你勢必能擁有最精彩的人生。

從擅長的領域中綻放才能

053

試著回想兒時的夢想

所謂的「天職」，是指那種能讓你樂在其中、持之以恆做下去，甚至受到他人喜愛的美好工作。

而童年時期純粹且毫無算計的夢想中，大多蘊藏著屬於自己的天職。

現在試著回想自己兒時的回憶吧。

例如：「想當幼稚園老師」、「想成為歌手」、「想開蛋糕店」等等，這種快樂且充滿期待的夢想，應該仍存在於你心中的某個角落。

雖然有些工作如今回想起來可能會有些害羞，但其中往往隱藏著重要的線索。

如果童年的夢想是當歌手，雖說不是每個人都能成為歌手，但也可以考慮從事與音樂相關的工作。

只要將夢想延伸出去，便能看見各種不同的職業選擇。

在棒球選手當中，也有許多人從小就立志成為職業選手。

正因為對這份工作抱持著純粹的情感，才能使他們激發出好的能量，進而大幅提升實現夢想的能力。

此外，千萬不能抱持著「現在再努力也沒用了」這種消極的心態，而是要時刻提醒自己，不要錯失機會。

像食物造型師由美子小姐（化名）就從小對料理非常有熱忱。雖然料理相關的就業環境相當嚴峻，但她一直希望能從事與料理有關的工作。

某天，她遇到了身為料理研究家的老師，當她誠懇地表達了自己對工作的熱情後，對方二話不說就為她介紹了料理教室講師的工作。

正因為她從小到大一心追尋著同個夢想，最終才得以實現願望。

最重要的是要喚醒那份童年時期的純粹情感，藉此強化自己實現夢想的力量。

開啟可能性，為自己擴展更多機會

054

思考什麼事情會讓你感到興奮與期待

當人感到興奮時，其實是直覺在發揮作用。

而這份直覺，也許是在告訴你：「從事這個職業能邁向成功。」因為只要能從中獲得幸福，我們自然可以激發出比他人更多的熱情追尋夢想。

舉例來說，如果你非常熱愛時尚，每當看著雜誌或去店裡購物時都會感到心跳加速，那麼你在時尚產業中應該會有很好的發展。

只要不抹殺那份純粹的心情，勇敢付諸行動，成功之路自然會為你敞開。所以，當你找到一份讓自己心動的工作時，即便只是先索取證照或課程資料也沒關係，試著邁出第一步吧。在風水學上有這麼一句話：「起風才能開運。」意思是指，唯有主動出擊，才能把握住事業上的好機會。

尋找能讓你怦然心動的工作，並且相信自己「一定做得到」

055 找尋一份讓你不會感到厭倦的工作

我認為天職應該是指那種能堅持一輩子，並且充滿樂趣的工作。

倘若尚未找到，不妨有耐心地慢慢尋找。

當你遇到自己感興趣的工作時，即便剛開始收入不高，也可以先嘗試看看。

如果覺得這份工作好像不錯，那就持續做個三年試試。

只要堅持下去，或許那份工作真的能成為你的天職。

就算起初先當作副業也沒關係，事實上，有很多人都會找一份單調的工作作為正職，並在私人時間嘗試自己覺得有趣且不會厭倦的工作。

而且，順利找到天職的人，身邊往往會聚集著一群靠著自己喜歡的工作闖出一片天的人。因此，主動結識這樣的成功人士，也可以說是找到天職的祕訣之一。

好的刺激能讓我們找到永不厭倦的工作

056
回想過去曾得到稱讚的經驗

受他人稱讚無疑是一件令人難以忘懷的美好經驗。

在教育心理學中，有一個叫作「皮格馬利翁效應」的理論。這個理論指出，教育者（例如學校老師）對學習者（例如學生）抱持的期望愈高，學生的成績就愈容易提升。

「皮格馬利翁」這個名字源自希臘神話中的皮格馬利翁王。相傳，皮格馬利翁王愛上了自己親手雕刻出的美麗女性雕像，他不斷地向上帝誠心祈禱，希望雕像能獲得生命。最終，上帝聽見了他的祈願，讓雕像變成了一位活生生的女子，從此兩人便過上了幸福快樂的生活，而這個故事也成為這項效應名稱的由來。

接下來，我要向各位介紹一個皮格馬利翁效應的實際案例。

美國教育心理學家羅森塔爾等人曾進行過一項實驗。

他們先讓小學生進行普通的智力測驗，並將其結果與以下內容告知班導：

「這份測驗可以預測哪些學生未來學業會大幅進步。由於目前仍在研究中，因此無法直接告訴學生結果，但我們會將有潛力的學生名單告知老師。」

一年後，他們再次來到小學進行同樣的智力測驗，結果發現，先前被點名的幾位學生進步程度明顯比其他學生出色。

事實上，那些被點名的學生只是隨機挑選出來的，與實際測驗結果毫無關係，然而他們的成績卻有顯著進步。因此研究團隊推測，可能是班導在心中認定這些孩子會進步，進而採取了不同的方式對待和栽培他們。

由此可知，身邊他人對你抱有的期待愈大，愈能提升你達成目標的可能性。

所以不妨試著回想一下，自己有哪些曾經受到他人稱讚的優點，並進一步加強那些部分吧。

曾經受到稱讚的優點更容易有所進步

057

研究那些能受到大眾感謝的職業

若你在工作時能從他人口中聽到「謝謝」，那你是個幸福的人，因為從事這樣的工作不僅能讓我們心情愉悅，還能使心靈時刻保持在滿足狀態。

相反地，當我們從事的工作無法得到他人感謝時，你可能會覺得人生過得十分空虛。

所謂能獲得感謝的工作，就是能帶給他人喜悅的工作。

能讓對方振作起來、消除痛苦、鼓勵對方的工作都相當了不起，而且在工作的同時，你自身的精神層次也會隨之提升。

此外，只要你願意為他人付出，對方自然也會予以回報。

因為受到恩惠時，想要回報對方是人類的天性。

想必從事福祉領域或醫療相關工作的人們，肯定也經常聽到他人的感謝吧。

即使有時會遇到挫折，但只要聽到對方的感謝，你會由衷地為自己的工作感到驕傲，並沉浸在那種幸福之中。

出生於富裕家庭的真理子小姐（化名）過去也飽受空虛感折磨。

當時的她雖然過著衣食無缺的生活，內心卻無法得到滿足，甚至經常對未來產生不安。

直到某天，她遇到大學時期的恩師，對方告訴她：「去研究一下什麼職業能得到他人的感謝吧。」於是真理子開始努力尋找適合自己的方向。

後來，她取得了芳療師證照，並開設了自己的沙龍。

如今她每天都運用芳香療法的知識，幫助客人改善身體狀況與舒緩壓力。

我認為，像這樣去研究什麼工作能帶給人們喜悅，是一件值得嘗試的事情。只要仔細尋找，肯定能找到適合自己的方向。

帶給他人喜悅的同時，也能讓自己的內心得到滿足

058

參加成功實現夢想職涯者的分享講座

在自己喜愛的工作上取得成就的人，往往渾身充滿能量，並且被最強烈的正向光環所圍繞。

從這樣的人身上獲得良好的「氣」，可說是增強自身事業運的最佳特效藥。

此外，參加那些在自己理想工作領域發光發熱的成功人士所舉辦的講座、公開課、演講會或座談會，也能讓我們了解他們的成功祕訣。

下列幾點是前往這類場所能帶來的好處：

1. 能了解對方擁有什麼魅力。
2. 能學習拓展事業的訣竅。
3. 能掌握對方的工作技巧。

4● 能獲得良好的「氣」。
5● 能激發出新的想法。

除此之外，還有許多其他好處。

而且只要仔細研究那些成功人士，或許就能知道他們是如何將自己的工作變成天職。

舉辦講座等活動的資訊通常會刊登在社群媒體、電子雜誌、報紙或專門雜誌上。當你主動去尋找想參加的講座時，自然也會更容易接收到相關資訊，渴望成長的念頭也會變得愈發強烈。

把感想寫在筆記本上

參加完講座後，可以將當下的感想以條列式記錄在筆記本上。

這樣才能明確知道自己未來該採取什麼行動。

接著只要付諸行動，你就能實現夢想。

059

去書店憑直覺買一本書

想提升事業運的話，我會推薦你去書店逛逛。

在暢銷書專區，你可以了解到社會動態與流行趨勢，進而激發出好點子。到了書店後，也可以試著憑直覺購買一本最讓你感興趣的書籍，說不定那本書裡就隱藏著找到天職的關鍵。

旅行作家由里小姐（化名）在短期大學畢業後一直找不到正職工作，只能靠打工維生。雖然她內心非常渴望找到喜歡的工作，卻始終無法遇到適合自己的職缺。

在某次打工契約期滿的休息期間，她來到書店逛逛，無意間注意到一本由某位散文作家撰寫的旅行散文集。

這讓由里小姐對這位作者產生了興趣，於是她寫了一封粉絲信給對方，希望能了解如何成為旅行作家。

大約三個月後，她收到了回信，兩人開始透過書信與電子郵件通信。

最終，由里小姐成為了這位散文作家的助理，如今已自立門戶，作為旅行作家活躍於這個領域。

這是真實的故事，也是由里小姐相信直覺並積極行動的成果。

如果當時她只是讀了那本書卻沒有寄信，或許至今都還無法成為旅行作家。

正因為她相信自己的直覺，並腳踏實地付諸行動，才能讓努力開花結果。

由里小姐僅僅透過一本書就改變了命運，找到了屬於自己的天職。

你何不也試著踏進書店，讓命運為你開啟一段新的旅程呢？

你所感興趣的書裡往往隱藏著成功的關鍵

060

從事讓身邊他人感到開心的工作

想在工作上獲得成功，勢必需要身邊眾人的協助。

但最好不要一味地聽從他人指示，去做自己討厭的工作。

而是應該好好思考，尋找一份能讓自己和身邊的人都感到幸福的工作。

像這樣的工作不僅能為社會做出貢獻，想必也是個正經的職業。

不但不會被人指指點點，或許還能從事一輩子。

此外，如果你總是以「想要出名」、「想變有錢」這種貪念為出發點，恐怕無法找到自己的天職。

關鍵在於要認真思考那份工作是否能讓大家都感到幸福，同時也可以試著和值得信賴的人討論。倘若能得到他們的支持與鼓勵，或許就能順利達成目標。

能讓自己與他人都感到幸福的夢想一定能實現

061 與家人討論工作上的事情

有些人不太喜歡和家人討論工作上的事情。

或許是因為不想被父母說教，抑或是不想按照父母的意思選擇工作、不想繼承父母的事業等諸如此類的原因，導致他們無法向家人傾訴。

但家人其實是我們最堅強的後盾，只要你願意和他們商量，心中積壓的煩惱勢必會減輕許多。當然，你也可以跟朋友或熟人討論，但有些事情或許只有對家人才說得出口。

事實上，光是向身邊親近的人傾訴煩惱，就能讓我們的心情輕鬆不少。

此外，我也推薦各位向年長者請教他們在工作上成功的訣竅或曾經歷的辛苦事蹟，只要能了解他們的努力與艱辛，你自然也會燃起鬥志。

光是傾訴煩惱，就能讓心情輕鬆許多

062

參加自己感興趣的工作坊

在尋找自己喜歡的工作時，你可以試著索取網路課程、工作坊、體驗講座、文化中心的課程手冊，或是在社群媒體和網站上搜尋、瀏覽看看。

從料理、編織、繪畫、音樂、攝影、外語學習到家庭園藝，只要試著尋找，肯定能發現各式各樣的課程。

當你找到感興趣的課程時，不妨先去參加看看。

雖然有些課程是以期計算，導致學費偏貴，但也有不限制參加次數的課程，因此可以輕鬆地自由選擇。

此外，參加課程有時還能直接向講師請教他們走上這份職業的契機，以及如何透過這個行業維持生計。

我會建議各位多參加幾個有興趣的課程，再從中挑選自己最感興趣的領域深入學習。

在參加課程的過程中，你可能會遇到一些和你懷抱相同夢想、希望憑藉著喜歡的工作出人頭地的人。

如果能結交到志同道合的朋友，一路互相鼓勵、交換資訊，勢必能對彼此帶來很好的正向影響。

從事花藝設計教學的美智子小姐（化名）正是透過文化中心的課程，實現了「想將這份工作當成正職來做」的夢想。

上課期間，她在文化中心的入口處發現了徵求講師的公告，於是鼓起勇氣自我推薦，最後成功被錄取為講師。

就這樣，參加課程成為了她人生的轉捩點，讓她能在夢想的行業中大放異彩。

成功的關鍵在於要先去尋找自己感興趣的課程，進而從中獲取好的刺激。

參加課程能從講師和其他學生身上獲得好的刺激

063

積極挑戰自己感興趣的工作

若能找到自己感興趣的工作，我會建議你勇敢嘗試看看。

但無論你付出多少努力，只要覺得到達極限了，就果斷挑戰下一份工作吧。

如果A不行就試試B，B不行就換成C。

最重要的是像這樣不斷嘗試，直到找到天職為止。

不適合的工作自然會逐漸從你的生命中淡出，最終只會留下真正適合自己的理想天職。

只要抱持著「我一定能找到好工作」的積極心態來激勵自己，總有一天勢必會開花結果。

年輕時就能找到天職的人，其實非常罕見。

大多數人都是經歷了一段普通的上班族生活後，才逐漸分辨得出自己喜歡和討厭的工作，久而久之，「想要靠著自己喜歡的事情出人頭地」的念頭也會愈發強烈。

因此，我們有時也需要到自己不感興趣的公司工作。

有了這樣的經歷，才更能理解他人的煩惱與痛苦，同時也更容易找到受大眾感謝的工作。

如果真的找到自己感興趣的事物，就應該全心全意去付諸行動。

就算參加課程、工作坊或體驗講座需要一些費用，這筆開銷也絕不會白費。

因為你在課程中學到的知識與技能，將來勢必能派上用場。

例如，只要你曾經上過編劇課程，即便最後沒成為編劇，你在課程中學到的寫作技巧也有可能幫助你找到寫作相關的工作；就算你是自己開店，也能用優美的文字撰寫網頁內容來吸引顧客。我相信，過去所學到的一切，總會有它能大展身手的地方。

所以當你找到自己想做的工作時，就勇敢地去挑戰吧。

繞遠路的經歷不會白費

064

不要做自己不擅長的事

人們在擅長的領域中大多能發揮實力，但覺得自己不擅長某件事時，也容易偏離常軌，導致結果往往不太理想。

我相信沒有人會主動去接觸自己不擅長的事情，但有時難免會受到其巨大的金錢利益所誘，進而忍不住涉足。

因此我會建議大家先思考一下自己有哪些不擅長的事物。

例如，有些人小時候運動神經不好，在體育課上總是表現不佳。

這樣的人就算對體育界有所憧憬，可能也難以實現夢想，畢竟沒有那方面的天賦，光靠憧憬是很難突破困境的。

有句成語叫做「適材適用」。

正如這句話所言，人只有在適合自己的領域，才能發揮能力，並邁向成功。

與其花時間在自己不擅長的事情上，不如將精力用來尋找真正適合自己的工作，這樣才能更有效率地朝夢想邁進。

無論如何，堅持做自己擅長的事情才是最好的選擇。

以下是某家食品公司社長的親身經歷。

他從年輕時起就從不考慮從事行政事務等單調的工作，而是選擇了自己擅長的業務銷售，最終成功奠定如今的地位。

正因為他完全不去接觸自己不擅長的領域，而是專心發揮自身的專長，才能取得成功。

只要我們像這位社長一樣，徹底排除自己不擅長的事情，自然能培養出專注於熱愛之事並持續努力的習慣。

人必須在適合自己的領域才能發揮能力

065

不從事與自己頻率不合的工作

即便是自己感興趣的工作，只要從事一段時間後，開始出現：「總覺得哪裡怪怪的」、「怎麼想都覺得自己做不到」、「感覺很不自在」、「跟自己想像中的世界不一樣」這種想法時，就應該儘早放手。

所謂的天職，是指能讓你舒適地工作，甚至與自己的頻率相符，並且能從中獲取幸福感的職業。

如果是與自己頻率契合的工作，無論是在工作時，還是在為了從事這份工作而學習的過程中，你都不會感到任何不適。

如果無法從現在的工作中感受到這種心境，我會建議你儘早轉換跑道，畢竟勉強自己做不適合的工作，對健康也會造成負面影響。

一味地相信「這一定是我的天職，只要努力就會有回報」，而強迫自己忍耐，最終只會讓自己飽受壓力的折磨。

在壓力累積到無法承受之前，我們應該將精力投入到尋找真正的天職上。

餐桌擺設設計師惠美小姐（化名）在二十多歲時，非常渴望擁有一技之長。

當時，她在報紙上看到一則招生廣告，便決定去醫事專門學校鑽研技術，但在學習的過程中，她發現課程過於繁雜，似乎不是自己真正想做的工作，於是便果斷退學了。

後來，惠美小姐在朋友家看到非常美麗的餐桌擺設，並受到那份美感深深吸引，進而開始熱衷地學習擺設技巧與呈現方法。

多年後，她成為一位自由接案的餐桌擺設設計師，並活躍於這個業界。

覺得不適合就儘早轉換跑道

就算已經付出許多努力，只要覺得不適合，就應該儘早轉行，另尋新的跑道，這樣才是明智的選擇。

066

試著與憧憬對象從事同樣的工作

在這個世上，確實有一部分的人能在自己熱愛的工作中發光發熱。尤其創業家們，大多懂得善用自身獨特的感性，活躍於自己的工作領域。

如果你心中有某位憧憬的人，不妨也試著研究一下他吧。

若你還找不到想做或喜歡的工作，也可以先試著與憧憬之人從事相同的工作。

正所謂失敗是成功之母，因此我希望你們不要畏懼失敗，勇敢地持續挑戰。

如果目前還沒有特別憧憬的人，那我會推薦你去書店逛逛。

市面上有許多描寫創業者成功經歷的書籍，只要閱讀這類書籍，相信你一定能獲得很棒的刺激。

雖然規模較大，但閱讀可可．香奈兒等知名人士的傳記，也能從中得到寶貴的啟發。

美甲師美穗小姐（化名）於短期大學畢業後，一直在貿易公司工作。

當她開始對一成不變的日常生活感到厭倦時，偶然發現了一本介紹某位美甲師的書。

這讓美穗小姐瞬間被那位美甲師漂亮的指甲、技術、生活方式以及外表吸引，於是她決定去就讀美甲課程。

後來，她非常勤奮地利用週末努力學習。

幾年後，她果斷辭去了公司的工作，成功進入一家美甲沙龍工作。

如今她已經自立門戶，經營著屬於自己的美甲沙龍。

美穗小姐的故事告訴我們，要時刻抱持著渴望打破現狀的鬥志。

正是這份朝向理想自我的熱情，才能讓夢想成真。

研究憧憬之人能讓我們獲得啟發

067

累積實績

如果你是一位自由工作者，沒有實績的話，往往會讓你過得很辛苦。對於還沒有實績的人，我會建議你先從義工開始做起。

佳代子小姐（化名）也曾透過課程學習到自己最喜愛的美甲技術。後來，為了了解該如何開拓未來的道路，她向認識的人尋求建議，於是對方邀請她參加福利機構舉辦的祭典，並在活動上提供美甲服務。

得知有這個機會，佳代子二話不說就答應了對方，利用她在活動擔任義工的經驗，積極向各家沙龍推銷自己，如今已作為一位專業的美甲師，活躍於此產業。

有些事一開始可能無法帶來收入，但未來卻能產生巨大的收穫。只要不斷累積實績，總有一天會得到社會的認可，工作量也會隨之增加。

一開始不要考慮收入問題

第5章

透過取悅他人
讓生活更加順利

068

珍惜眼前的人

若想讓人開心並獲得感謝，首先要學會珍惜身邊的家人、朋友以及同事。就算你拋下家人，日以繼夜地努力工作、貢獻社會，一旦失去最重要的事物，運氣勢必會瞬間下滑。

反之，只要能珍惜眼前的人，就能在他們的支持下專心工作，久而久之便能在幸福的氛圍中大放異彩。

印度的加爾各答（舊稱 Calcutta）有一間由德蕾莎修女創立的「垂死之家」，聽說有許多來自世界各地的志工都會前去那裡幫忙。

然而，德蕾莎修女經常告訴他們：「請先回到自己的國家，珍惜眼前的人。在你學會珍惜身邊的人之前，還稱不上是真正的志工。」

這句話說得很好。

倘若你事事只考慮自己，或是為了提升自己的運勢才行善，幸運女神自然不會站在你這邊。

當我們的自我意識太過強烈時，運勢的流動也會因此產生混亂。

唯有拋開自我，好好珍惜眼前的家人和朋友，才能抓住絕佳的機會。

雖說要拋下自我並不容易，但我們仍應優先考慮眼前之人的幸福。

畢竟，沒有身邊他人的支持，我們難以抓住成功的機會。因此就結論而言，珍惜身邊的人，也等同於讓自己變得更幸福。

在幸福的氛圍中大放異彩

069

學會討他人歡心

你與他人對話時，是自己說話的時間多，還是聽對方說話的時間多呢？如果你是話比較多的那一方，那就需要注意了。

因為比起聽別人說，我們通常更希望他人能傾聽自己的煩惱。總是以自我為中心說話的人，在人際關係方面往往會遇到一些難題。所以這樣的人最好小心，別過度表達個人主張。

只要專注於討好他人，勢必能改善你的人際關係，進而帶來不錯的工作機會或桃花。

一旦太過以自我為中心，可能會讓對方不想再見到你，因此我們在說話時要讓對方感受到自己被重視。

以下幾點是讓對方留下好印象的談話技巧：

傾聽對方說話能讓人際關係變好

1●偶爾看著對方的眼睛聆聽。

2●適時地給予：「好棒喔」、「真厲害」、「不愧是你」等附和。

3●帶著愉快的微笑傾聽對方說話。

4●在談話過程中適時地提問，讓對方更有興趣繼續分享。

5●不要表現出不感興趣的態度。

6●不要看手錶或手機。

只要記住這些小技巧，就能抓住對方的心。

最重要的是表現出認真傾聽的態度，在對方心中留下誠懇的好印象。

070

成為擅長鼓勵他人的人

這個世界充滿了壓力，無論是誰都會對未來感到不安，時而對自己感到沒自信，甚至嫉妒他人等等，諸如此類的問題每天都在困擾著我們。

若想讓情緒低落的人打起精神來，最有效的方法就是給予對方鼓勵。

即便只是短短幾句話，只要你真心誠意地鼓勵他人，就能療癒對方受傷的心，讓他們重新振作起來。

在鼓勵他人時，有一點必須特別留意，那就是要懷抱誠意，而不是光靠口頭說說而已。

雖然這是很基本的道理，但唯有真心誠意的鼓勵，才能打動對方的心，並為他們帶來救贖；反之，敷衍的鼓勵很容易就會被人識破，甚至可能帶來反效果。

只要能設身處地思考對方的感受，就能理解他們的痛苦，甚至會自然而然湧現出一股想要鼓勵對方的衝動，進而讓說出口的話變得更加溫柔。

所以，成為一個擅長鼓勵他人的人，不僅可以受到大家的依賴，同時也會得到更多人的支持。

在佛教中，有個詞叫做「愛語施」。

意思是將能鼓勵對方、為他人帶來勇氣與活力的話語當作禮物送給對方。

江戶時代有一位名叫良寬的和尚，雖然他生活貧困，沒有什麼可以贈與別人的東西，但他每天都非常努力地為他人送上充滿真心的話語。正因為他以愛語的精神在生活，因此深受村民喜愛，並過著幸福的生活。

若能貫徹這個愛語施的精神，並將其銘記在心，相信無論是多麼惡劣的人際關係都能逐漸好轉，進而結識更多良緣。

設身處地去理解他人的痛苦

071

認可對方的存在價值

每個人都希望自己的存在價值能受到認可。

因此，人們偏愛那些認同自己的人。換句話說，只要稱讚他人，你就能進一步擴展人脈，甚至還會發生許多好事。

當我們要稱讚他人時，比起私下稱讚，直接在眾人面前誇獎才能讓對方得到更大的滿足感，因為在眾人面前受到表揚，可以使更多人知道自己的優點。

此外，指正他人時也不應直接說：「〇〇，你要再努力一點，不然讓我很傷腦筋」，而是應該先稱讚對方：「我很看重〇〇的點子和才能喔」，再提出建議，這樣才能讓對方充分地發揮所長。

其實很多事情只要換個說法，效果就會截然不同。

抬舉對方能讓自己的運氣跟著好轉

072

讚美對方的成功經驗

人在情緒低落時，總會特別渴望恢復自信，所以如果有人在這時讚美自己過去的成功經驗，我們往往會感到非常開心。而且，讚美的話語不僅能成為對方強大的心靈支撐，同時也會使我們對讚美自己的人產生深厚的信賴感。

如果一時之間想不到該稱讚對方什麼，可以試著找出他的長處並加以讚美，抑或是詢問他小時候擅長的事情，藉此引導對方展現長處。

問出答案後，可以用「好厲害喔」、「真了不起」等話語稱讚對方。

即便對方滔滔不絕地講述自己的得意事蹟，也要耐心傾聽，如此一來，對方的心情就會變得很好，並打從心底感到高興，而這也會為自己帶來正向的影響。

愈是情緒低落時，讚美的話語愈有效

073 用溫柔的眼神對待他人

有一句話叫做：「眼睛會說話」。

畢竟眼睛是我們的心靈之窗，因此眼神中自然會流露出內心的聲音。

如果想將這份心聲傳達給對方，在交談的過程中必然少不了眼神交流。

當人與人四目相交時，往往會有一種心靈相通的感覺。

倘若能在這個時候以溫柔的眼神看向對方，或許就能撫慰對方的心靈，並留下良好的印象。

在佛教中，有個詞叫做「慈眼施」。

意思是用充滿關心與憐愛的眼神看待他人。

如果能被某個人以溫柔的目光注視，肯定會感到非常開心吧。

反之，如果對方的眼神銳利，像是在打量或評價自己，則會讓人感到不快，甚至再也不想與那個人見面。

由此可見，眼神會大幅影響我們在他人心中的印象。即便你們只見過幾次面，幾乎沒有交談過，只要透過眼神交流，亦能快速拉近彼此的心理距離。

有時就算無法近距離交談，只要以溫柔且真誠的眼神注視對方，也依然能建立起某種聯繫。

當心靈或身體感到疲憊不堪時，我們的眼神可能會顯得黯淡無光。但只要懷有一顆真誠對待對方的心，勢必能打從心底綻放笑容，如此一來，眼神自然也會變得柔和。

即便眼睛因疲勞而充血，只要心中懷有關切，就能透過眼神傳達你的溫柔。因為心靈的狀態會直接反映在眼神裡。

時時面帶微笑才能讓大家保持好心情

074

了解對方的興趣

若想讓溝通變得更加順暢，事先了解對方的興趣和喜好是很重要的。

在心理學上有個理論叫做「相似法則」。

這個法則指出：「人會對擁有相同價值觀、興趣或出身地的人產生好感。」

假設你即將與一位願意幫忙介紹新工作的對象見面。

這時，如果事先知道對方喜歡的食物是老字號和菓子店的最中餅，那麼帶著這款最中作為伴手禮前去拜訪，對方一定會非常開心，還能藉由談論店家或最中的話題讓氣氛熱絡起來。

如此一來，就能在對方心中留下好印象，或許還能獲得一個更好的工作機會。

雖然事前了解對方的興趣嗜好並不容易，但可以詢問你們的共同友人，或是瀏覽對方的社群網站、個人網站或部落格來收集資訊，只要多方嘗試，勢必能從中掌握到重點。

此外，相似法則不僅能提升事業運，也能增強戀愛運。

舉例來說，如果能事先了解對方喜歡的音樂或電影導演，並適時地在交談中提起，那麼在演唱會或新電影上映時，對方也會更容易邀請你一起參加。

若想按照自己的步調活出成功人生，就必須用心與人建立聯繫。而且不能僅是一面之交，最重要的是要維繫你們的關係。

只要能事先了解對方的興趣或喜好，並在談話過程中巧妙地引導出來，就能讓對方對你產生好感，進而遇見更多良緣。

此外，見面次數愈多，也愈容易掌握對方的喜好，建議可以在此基礎上進一步擴展話題，讓對方感到開心。

人會對擁有相同價值觀的人產生好感

075

受人幫助時要表達感謝

受到他人幫助時，懂得表達感謝之情是非常重要的。

在不動產公司擔任行政事務的雅美小姐（化名）就深受職場同事和合作公司的職員們喜愛。

因為她不僅言而有信，待人也親切有禮，所以大家都成為了雅美小姐的粉絲。

而且雅美小姐習慣在受到幫助後，挑選對方喜歡的點心，或是在旅行途中購買伴手禮作為謝禮。

對於一味接受恩惠卻不懂回報的人，人們往往會給對方貼上「不懂禮貌」的標籤，但雅美小姐從未讓人產生這種印象，因此她能不斷累積支持者。

大多數的日本人都容易對禮數周到的人留下好印象。

而且只要留下好印象，這份良好的形象便會長久地留在人們心中。

因此，如果想提升他人對自己的好感度並擄獲更多粉絲，我會建議你試著像雅美小姐那樣，在受到幫助時回贈一些小禮物。

雖然人們本就會因為收到禮物而感到開心，但若能從中感受到濃厚的感謝之情，這份感動勢必會進一步提升對你的好感。

此外，當你努力追尋夢想時，這些因此成為你粉絲的人，或許也會在關鍵時刻為你指點迷津。

其中甚至有可能出現引導你邁向天職的「人生導師（Mentor）」。

所以別忘了保持禮數，努力累積屬於你的支持者吧。

真誠地表達感謝會讓對方深受感動

076

傾聽別人的怨言

佛教中有句話叫做「拔苦與樂」。

如同字面上的意思，這句話是在勸勉我們要設法拔除他人的痛苦，並設法帶給對方快樂。

若想帶給他人快樂，就必須將這句話視為基本信念。

既然我們都作為人類誕生於這個世上，當看見他人遭遇困難時，能無條件地付出同情與關懷，也許正是我們重要的使命之一。

一旦忘了這份憐憫之心，心靈的成長也會隨之停滯。

因此，請不要忘記這份溫柔。

拔除他人痛苦的行動之一，就是耐心傾聽對方的怨言。

當自己也感到疲憊時，還要聽朋友或同事傾訴，的確會令人感到吃力；但仍請試著抽空傾聽對方的心聲。

因為當對方陷入苦悶時，你願意成為他的傾聽者，便能為他帶來莫大的救贖。

此外，傾聽他人的怨言也是一種提升自身人格修養的方式。

但聽完之後，千萬別把對方的負面情緒留在自己心中。

畢竟長時間吸收別人的負能量，會讓自己感到筋疲力盡。

因此，最好事先準備三種能療癒自己的紓壓方法，適時照顧自己的情緒。

例如：去旅行、唱卡拉ＯＫ、吃塊好吃的蛋糕、悠閒地泡個澡，只要能讓心情變好，什麼方式都可以。

如此一來，即使聽完他人抱怨，也不會讓自己心情變得沉重。

充滿憐憫的溫柔之心能引領心靈成長

077

幫助他人消除痛苦，讓對方感到輕鬆

過度自愛、只想著讓自己幸福的人，通常難以擁有好運氣，因為神明更偏愛那些願意拯救受苦之人的人。

相反地，如果能將佛教中的「拔苦與樂」銘記在心，或許就能讓好運成為自己的助力。即便我們在行善時毫無所求，最終仍可能從對方那裡獲得回報。

雖說主動行善才是最理想的狀態，但就算是懷著「想變得幸運」這樣的小小私心去做好事，也總比什麼都不做好。多少還是能為自己帶來些許好運。

不過，若想擁有強大而持久的好運氣，最好還是要真心誠意地關懷身邊的人。

畢竟，人們總是更願意親近那些富有同理心、內心溫暖的人。

078

培養寫問候信的習慣

提升自身品格的行動之一，就是書寫感謝信或季節問候信。

比起電子郵件，手寫信必定更能打動收信人的心。

為了避免第一次見面交換名片後就此斷了聯繫，事後寄一封手寫的感謝信能發揮很大的功效。

此外，感謝信也可以成為一種業務上的利器。

只要用心且有禮貌地撰寫感謝信，絕對能打動對方的心。

即便只是撥出一點時間也好，試著動筆寫信吧。

若還能養成隨身攜帶明信片、信紙組和郵票的習慣，或許可以幫助你更輕鬆地寫信。

用心撰寫的信件才能打動對方的心

079

主動承擔別人不想做的工作

願意主動完成大家不想做的事情的人，往往更容易贏得他人的尊敬。這世上總有一些沒有人願意做的工作，但只要你願意積極承擔，勢必能讓他人對你刮目相看。

舉例來說，當我們看到路邊散落的垃圾時，應該怎麼做才好呢？有些人可能會選擇對垃圾視而不見逕自走過，這種行為讓人感到非常心寒。即便是在第一次造訪的城鎮，為了讓當地居民或行人感到心情愉快，我們也應該養成隨手撿垃圾的好習慣。

在職場上亦是如此，只要主動完成大家不願意做的工作，即使不刻意要求，也能確實提高你在職場上的評價；若能養成這樣的習慣，甚至還能提升他人對你的好感度。

在那些他人不願意做的工作當中，你可以從以下較容易達成的事情開始嘗試：

1●早上提早到公司擦拭共用的辦公桌。

2●在搬家或調整座位時，主動協助他人。

3●主動擔任員工旅遊或迎新歡送會的總幹事。

光是做到這些事情，就能大幅提升他人對你的好感與信任感。

積極承擔大家不願意做的工作，不僅能提升自己的精神層次，也能吸引好運。

但要記住，最好不要抱持「只是為了提升事業運」這樣的私心來做這些事。

若能自然地付諸行動，勢必能讓他人對你刮目相看

080

發現對方有難時，要及時伸出援手

當朋友或同事遇到困難或感到痛苦時，最好及時伸出援手。

倘若無法在他人有難時給予幫助，等到自己陷入困境時，自然也難以獲得他人的協助。

因為這個世界講求因果報應。

做好事會帶來好運，做壞事則會招來厄運，你的所作所為，最終都會原封不動地回到自己身上。

在佛教中，有個詞叫做「捨身施」，意思是用自己的身體去救助他人。

曾拯救無數困苦人們的德蕾莎修女，正是貫徹捨身施精神的代表人物。雖然要像她那樣過著崇高的生活並不容易，但若能稍微接近那份美麗的精神，對自己而言也是一件好事。

多做好事才能帶來好運

在此分享一位愛心人士的故事：某天深夜，一位女性突然在電車車廂內嘔吐，但周遭乘客皆裝作沒看見。

唯有一位座位較遠的中年男子，努力用手中的報紙清理嘔吐物，並攙扶那位女性至月台協助她就醫。直到最後，除了那位中年男子外，其他人都未出手相助。他心中懷有的慈悲之心，實在令人敬佩。

所謂的捨身施，就是像他這樣以行動去幫助他人。能在他人遇難時，如同對待至親一般伸出援手的人，其實非常稀少。

即便如此，只要能在他人有難時真心幫助，未來自己遇到困境時，也必定會獲得回報。

081

一起觀看勵志電影

倘若你的朋友或同事正為工作感到煩惱，我會建議你們一起去看一部好萊塢的勵志電影。

這類講述主角克服重重困難、最終獲得成功的故事，往往能振奮人心，洗去心中的煩悶。

如此一來，不僅能提升對方的動力，也能讓他們重新振作，並對邀請自己去看電影的人心懷感激。

當對方正為工作苦惱時，正是分享成功故事的最佳時機。

比起悲傷的電影或愛情片，這種時候更適合觀看勵志電影。因為當我們陷入沮喪時，若能間接體驗成功的滋味，往往能帶來莫大的幫助。

如果你自己也正處於低潮，那就先去看一部勵志電影讓自己打起精神，再邀請對方一同觀賞吧。

即便是同一部電影，只要是好電影，就算看再多次也不會覺得厭煩，反而每次都能讓心靈充滿幸福感。

有一部在全球廣受歡迎的電影叫做《金法尤物》。

這部電影講述一位被菁英男友甩掉的大學生艾兒，如何化悲憤為力量，最終成為律師的過程，是一部充滿正能量的勵志作品。

主角艾兒非常喜歡粉紅色，連穿著打扮都是一片粉色系，因此光是看這部電影，就能讓人感受到幸福的氛圍。

此外，當我們想邀請對方一起看電影時，僅憑一句「我有電影票」是無法打動人心的。

而是要努力將「我有一部非常想和你看的電影」這種訊息傳達給對方，讓對方感受到你想與他分享感動的誠意。

只要能體驗到成功的滋味，幸福感便會油然而生

082

理解對方所經歷的痛苦

唯有真正理解他人的痛苦與悲傷，對方才會敞開心扉。

只要你能溫柔地療癒那個人內心深處的傷口，對方勢必會愈來愈喜歡你。

此外，受人喜愛也是提升運勢的重要基礎。

若想讓他人喜歡自己，我們就必須先學會去喜愛他人。

畢竟，每個人都渴望自己的痛苦能被理解，並沐浴在滿滿的溫柔與愛意之中。

雖然光是懷抱「他看起來很苦惱，真可憐」這樣的同情心就已經難能可貴，但若能更進一步，試著設身處地體會對方的痛苦，或許就能更深刻地理解他的感受。

即便無法百分之百感同身受也沒關係，只要你願意靠近對方的情緒，自然就能撫慰他的心靈。

然而，當對方將痛苦深藏心中時，我們該怎麼做才能讓他願意開口傾訴呢？

在心理學中，有一個理論叫做「自我揭露的互惠性」。

這個理論指出，透過主動分享自己難以啟齒的煩惱與痛苦，能促使對方也敞開心扉，進而建立起更親密的關係。

因此，若想打開對方的心扉，就需要我們先主動坦誠自己內心的祕密與煩惱。

如此一來，對方也會逐漸放下心防，願意傾訴自己的故事。

能如此理解對方的痛苦，正是受人喜愛的祕訣之一。

自己先開口才能讓對方敞開心扉

083

教導他人要懂得知足

雖然這世上有許多無法如願的事情，但只要能察覺自己在某些方面已經獲得滿足，便能感受到幸福。

在佛教中，有個詞叫做「知足」。

正如其字面所示，這個詞語是在奉勸人們要懂得知足，並對自己所處的環境心懷感恩。

其實，光是擁有棲身之所、有家人和朋友陪伴，就已是一種幸福。

倘若能察覺自己擁有這些珍貴的事物，內心勢必能感到滿足。

當然，也有許多人會說：「這樣的程度根本無法讓人滿足。」然而，人類的慾望是無窮無盡的，即使實現一個願望，接下來仍會產生更多的慾望。

提升動力或許需要一些慾望，但首先應該對當下的環境心存感謝，懂得滿足。

光是活著就是一種值得感恩的奇蹟

畢竟，光是活著就是一種奇蹟。

在現今社會，每天都有許多人因交通事故、兇殺案件或疾病等原因離世。而我們仍能活在當下，光是這一點就值得心懷感激。

當我們忘記生命的可貴時，神明或許會透過試煉提醒我們不可忘記感恩之心。

只要理解知足的真義，人生中的不幸便能減少許多。

若你已能感受到知足的美好，也請將這份心情傳達給身邊重要的人。

如果有人正為煩惱所苦或內心感到空虛，也應儘早讓他明白知足的價值。

然而，若我們自己都無法真切體會知足，那麼再怎麼說也難以打動他人。

希望大家都能將知足的美好分享給更多人。

084

蛻變成全新的自己

無論犯下多大的錯誤，只要有一顆反省與積極向上的心，就能再次閃耀光芒。因為神明會幫助謙虛且積極改進的人。

若想重生為嶄新的自己，就要冷靜地重新審視自己是否真的有反省；在你踏上另一條道路時，也必須詢問自己是否仍懷有自私的想法。

此外，當我們遇到嚴峻的問題時，請先好好思考為什麼會變成這樣。只要冷靜下來，勢必就能看見自己需要改進的地方，也會逐漸明白該如何築起幸福的未來。

想擁有好運與好人緣，就要懂得愛自己也愛他人；只要試著去做一些能讓自己與對方都感到幸福的事情，久而久之便會獲得許多支持，最終重獲新生。

只要冷靜反省就能重新開始

第6章

善用想像力 讓生活更加順利

085

想像成功的自己

想像自己成功的場景，總能讓我們感到非常幸福。

據說在一天當中，若能利用早晨或夜晚這種意識有些朦朧的時刻，想像自己成功的畫面，往往更容易實現目標。

根據潛意識心理學權威約瑟夫．墨菲博士的研究顯示，許多成功者都會進行所謂的「視覺化練習」，也就是在日常生活中想像自己實現夢想的場景。

倘若你想按照自己的步調活出成功人生，那就從現在開始進行視覺化練習吧。

過去也曾有一位演員說過，他總是不斷想像自己獲得奧斯卡獎的畫面。後來，視覺化所帶來的強大力量果真讓他成功獲獎了。

透過視覺化練習獲得成功的人有很多。

但成功者之所以能實現夢想，是因為他們始終懷抱著愉快且積極的心情來進行視覺化想像。

倘若你在想像時總是惴惴不安，心想：「雖然很想實現夢想，但我真的能成功嗎？」那麼，你將難以獲得真正的成功。

因為能成功的人，無論什麼時候都會懷抱著喜悅與信念，並在心中具體地描繪夢想實現的畫面。

為了讓自己相信夢想一定會成真，你可以透過寫下願望的方法來強化信念。

每天將簡短的句子寫在便條紙上，唸完就放入撲滿或小盒子裡。

當你養成習慣後，必定能讓你在進行視覺化想像時產生更多的力量。

但要小心，別將不安與失敗的畫面刻印進你的潛意識裡。

只需將正向的事物深深植入潛意識中即可。

視覺化擁有強大的力量

086

思考何種生活方式能收到他人的感謝

所謂的天職是指上天賜予的工作，更是能受到大眾感謝的工作。

反之，如果是透過欺騙他人、排擠他人來獲得工作機會，抑或從事害人的工作，那麼最終自然會走向毀滅之路。

若是想在自己喜歡的工作中闖出一片天，就必須純粹地懷著一顆想讓他人幸福的心。

「想看到大家的笑容。」

「想幫對方消除痛苦。」

「想讓那個人的人生充滿幸福感。」

只要能懷著這種強烈的心願，總有一天必定會實現願望。

相對地，如果你無法像這樣純粹地懷抱著想帶給他人喜悅的心情，那麼當遇到某些困難或麻煩時，就有可能會中途放棄。

因此，你可以先好好思考：「什麼樣的工作能讓人對自己心懷感激？」

當你逐漸明白答案時，事業運便會如湧泉般源源不絕地湧現出來。

神明也會因此感到喜悅，進而給予你許多支援。

當你讓一個人獲得幸福，並收到對方的感謝後，就會開始產生幸運的連鎖效應，並接連不斷地接到許多好工作。

由此可知，懷著想讓人開心的純粹善意與體貼之心，正是成功的關鍵。

因此，你必須先認真思考自己是否真心想帶給他人快樂。

當你收到他人的感謝時，你的人生也會變得如玫瑰般燦爛美麗。

只要能讓一個人獲得幸福，就會產生幸運的連鎖效應

087

擬定一份成為理想自己的形象規劃

若要改變自己的外表，你想改變成哪種風格呢？

「清新端莊的風格。」

「帥氣、誠懇又有智慧的風格。」

「慵懶、自然又可愛的風格。」

像這樣具體描繪出自己理想風格，能讓我們更確實地改善自身形象。

此外，我也相當推薦各位模仿自己憧憬的藝人、模特兒或演員的穿搭風格。

因為我們往往會喜歡上與自身特質相近的藝人，甚至有不少人會將其視作目標，努力朝自己憧憬的藝人邁進。

所以如果你還不確定自己的理想形象，不妨找尋一位與自身氣質相近的藝人作為參考。

具體寫下你理想中的模樣

一旦決定好目標，就可以開始規劃如何讓自己更加接近那個形象。

你可以將外貌、心理層面、戀愛風格、工作風格等分門別類列成表格，並具體寫下自己理想中的模樣。

接著，再將為了實現這些目標所需要做的事情條列出來。只要一項一項確實去實踐，就能一步步接近理想中的自己。

此外，如果你想在自己喜歡的工作上有所表現，具體描繪出自己成功的樣子，也有助於我們實現目標。

當外表逐漸接近理想時，行動自然也會受到正面影響，最後必定能實現遠大的夢想。

而且像這樣擬定形象規劃，不僅能讓我們更有動力去實現目標，運氣也會隨之提升。

088

保持積極活躍的自我形象

在喜歡的工作領域中愈活躍的人，通常擁有愈高的願景。此外，若能清楚知道自己想如何發揮所長、想過什麼樣的人生，也能幫助我們不斷朝好的方向前進。

如果想找到自己的個人願景，我會建議你先去研究其他人的生活方式與工作風格，其中閱讀成功人士撰寫的書籍，能幫助你理解他們的工作技巧與成功法則，並從中獲得很好的啟發。

不過，光是擁有個人願景還不夠，唯有明確掌握目標並付諸行動，才能使我們真正地邁向成功。

只要有一個堅定的個人願景，就應該立刻展開行動；若還能懷抱著「我一定要實現夢想」的熱情，並具備永不放棄的行動力，相信各位必定可以達成目標。

試著想像一個令你興奮又充滿期待的未來

089

列出「絕對不想做」的事情清單

盡情將自己絕對不想做的工作寫下來吧。

內容最好具體一些，例如：「產業類別」、「職務內容」等等。

只要一步步排除那些自己不想做的事，最終就能找到自己真正想做的工作。因為人們待在自己熱愛或擅長的領域時，往往能長久地堅持下去，而這就是所謂的天職。若你從事的工作能盡情發揮自身能力，神明自然也會來幫助你。

雖然有時為了生活，我們不得不做一些自己不想做的工作，但這種時候也毋須勉強自己。只要堅定地抱持信念：「不久後，我一定能靠自己喜歡的工作出人頭地。」努力完成眼前的工作就好。

唯有持續懷抱希望，夢想才能實現。

不要接觸自己不想做的事情

090

提升自己的精神層次

一個人的運勢會隨著精神層次的高低而改變。

所謂的精神層次，是指一個人整體生活方式的水準。

若能以開朗、愉快且溫暖的態度生活，自然就能提升自己的精神層次。

既然我們以人類之身來到這個世界，就應該努力活出更好的樣子，走出屬於自己的幸福人生。

若你覺得自己現在的精神層次偏低，則應該從改善言行舉止開始做起，逐步提高精神層次。

當精神層次提高後，生活中遇到的麻煩也會隨之減少。

即便遇到問題，也不會演變成重大事件，頂多只是一些微不足道的小困擾。

由此可知，想擁有光明的未來，就必須先提升自己的精神層次。

那些在自己喜愛的工作中獲得成功的人，大多都明白精神層次的重要性。畢竟精神層次較低的人無法吸引好人靠近，因此事業運也會每況愈下。

這個世界有一種「波長法則」。

精神層次高的人，必定會吸引到好人與好運；精神層次低的人，則會引來壞人與厄運。

請靜下心來，好好思考自己的精神層次目前處於哪種狀態吧。

精神層次愈高的人，不僅愈容易遇到良緣，同時也能獲得強大的事業運。

提升整體生活方式的水準

091 找到能持續一輩子的興趣或工作

或許有些人早已找到明確的夢想，但一定也有人至今都還在為「找不到自己真正想做的事情」或「不知道未來該走什麼方向」感到煩惱不已。

對於這樣的人，我會建議你們先告訴自己：「我絕對要找到一個能持續一輩子的興趣或工作。」

因為強烈的願望能引導我們找到天職。

當願望愈強烈時，實現夢想的可能性也愈高。

此外，想必也有許多人是在找到嚮往的職業後，才發現實際從事這份工作並不是一件容易的事。例如，他們可能會支付高額的學費去大學、補習班上課或參加講座，卻發現這些課程對工作沒有任何幫助，因而陷入苦惱。

這類人就算找到理想的工作目標，大概也無法確定是否能靠這份工作維生。

我會建議各位找到自己想從事一輩子的工作，並掌握相關技能後，就要積極地向身邊的人傳達你的熱情。

只要不斷地撒下各種種子，或許在某天連你自己都忘記這件事時，機會就會悄悄降臨。

但光是等待是不夠的，還需要堅持不懈地主動尋找求職資訊。

倘若你對工作以外的領域也略感興趣，亦可試著參加一日體驗課程。

與其抱怨找不到工作、不了解自己想做什麼，不如主動採取實際行動，例如：參加高爾夫體驗、農業體驗、參觀工廠等等，現今這個時代的職業體驗活動可說是相當多元。

如果你希望自己的未來能充滿光明與幸福，那就不要在原地等待，試著主動出擊吧。

只要懷抱著強烈的心願努力尋找，最終必定能找到

092

相信只要真心祈願就能實現

信念堅定的人，自然充滿實現願望的力量與行動力。

他們不會去想事情會不會不順利，而是坦率且純粹地相信自己的願望一定能夠實現。

此外，他們也不會懷疑自己為什麼想做這份工作，無論發生什麼事都能堅定不移地向前邁進。

發現美洲大陸的哥倫布也多次遭到同伴否定，認為他不可能橫渡太平洋抵達印度或日本。

但他深信自己一定能找到新大陸，所以從未放棄。

多虧哥倫布擁有強大的信念，雖然最終沒能抵達印度，卻發現了新大陸；如果他在同伴勸說時選擇放棄，那他或許無法完成這項創舉。

正是因為他不顧反對、堅持到底，才得以實現夢想。

此外，給夢想設定一個期限，或許能幫助你更快實現目標。

由理子小姐（化名）過去曾在律師事務所擔任祕書，如今則是一邊擔任家庭主婦，一邊經營寵物店。

她在單身時期就一直夢想著婚後也要在自己喜歡的行業裡獲得成功。

雖然她有愛情上癮症的傾向，也曾因為寂寞和其他男性交往，然而這個舉動只讓她感到非常空虛。

幸虧她堅信自己能實現夢想，最終與一位能理解並肯定她的伴侶結婚，現在才能一邊經營自己喜歡的寵物店，一邊過著幸福快樂的生活。

由此可知，堅持自身信念，並且不受他人動搖，是非常重要的。

成功者往往擁有堅定不移的信念

093

不去想像悲觀的未來

在心中描繪自己成功的模樣是很重要的。
而且描繪時，千萬不能去想像悲觀的未來。
因為一旦想像了悲觀的事情，就真的會發生壞事。
尤其是那些容易產生負面想法的人，更要格外注意這一點。
只要能在自己身上找到一絲希望，就可以開創命運。
讓我們相信自己、相信夢想一定會實現，並努力活下去吧。
無論做什麼事，一旦放棄希望就結束了；反之，對光明的未來懷抱著希望活下去的人，不論要花上多少年，總有一天必定會成功。
但有時，就算我們不斷在心中描繪著美好的畫面，還是會感到不安。
這種時候，請試著找出讓自己感到不安的原因。

其原因多半是嫉妒他人，或與他人比較等負面情緒在作祟。

倘若總是想著負面的事情，勢必難以讓潛意識充滿正面的想像。因為我們必須將所有負面想法都排除乾淨。

如果沒有排除乾淨，就會一直陷入同樣的困境，並不斷發生讓人不安的事情。與其羨慕別人，不如將精力全部投注在自己身上，好好思考如何才能按照自己的步調活出成功人生。

請大聲告訴自己：「總有一天，我絕對會得到回報。」

如此一來，你的潛意識就會充滿正向的念頭。

對光明的未來懷抱著希望

094

存一筆夢想基金

想實現創業等宏大的夢想，往往需要一筆資金。

因此我想推薦大家一個方法，那就是「夢想儲蓄」。

首先，設定一個實現夢想的期限，哪怕只存一點點錢也好，每個月都要定期存錢。如此一來，我們會變得更加游刃有餘，對生活充滿期待，進而產生幸福感。

製作一個儲存夢想資金的存摺或存錢筒，或許還能額外帶來一點小樂趣。反之，如果沒有養成儲蓄習慣，每月光是應付生活開銷就可能感到吃力，勢必會讓人痛苦不已，邁向夢想的力量也會減弱，因為只有在心有餘裕時，才能擁有好運。

無論是每個月固定存一筆金額，還是用存錢筒定期存五百圓硬幣都沒關係。只要從力所能及的地方開始做起，幾年後，你就能存到實現夢想所需的資金。

心有餘裕才能更加靠近夢想

095

面對未來，保持永不放棄的心

在朝著自己喜歡的工作前進的過程中，有時可能會因為一些挫折而心生退意，然而，不輕言放棄才是邁向成功的關鍵。

成功的人之所以能登上高峰，正是因為他們無論遇到多大困難都不會氣餒，並且堅定不移地繼續向前。

如果你想讓未來變得更幸福，我會建議你畫出自己的未來藍圖。

只要未來的藍圖愈清晰，即便遇到再令人厭煩的事情，也能堅持下去。

因為愈清晰鮮明的夢想，愈有可能實現。

當你痛苦到快要放棄時，請仔細觀察那些已經成功的人。

久而久之，你會逐漸相信自己能像他們一樣閃耀發光，並從中獲得正向激勵。

未來藍圖愈清晰，夢想就愈有可能實現

096 找到心靈上的支柱

人類是無法獨自一人生活的。

正因為心中有珍惜的人，為了讓對方獲得幸福，我們才能充滿活力地努力度過每一天。

尤其是有孩子的父母，大多會為了孩子著想，而更加努力地工作或做家務。可見，有沒有心靈支柱，會對生活的原動力產生極大的影響。

此外，如果能擁有自己重視的人，同時也受到他人的珍惜，勢必能為我們帶來更大的鼓舞。

而在工作方面，若身邊能有一位「人生導師（Mentor）」，亦能幫助我們進一步成長茁壯。

所謂的人生導師，是指能引導自己邁向成功的人。

歌劇歌手瑪麗亞・卡拉絲正是得到了眾多認同其魅力的導師們協助，最終才得以紅遍全球。

由此可知，擁有愈多人生導師，愈能讓我們在喜愛的領域中大展身手。

但想找到人生導師，就必須先讓自己成為一個受人喜愛、有吸引力的人。

導師之所以願意支持或提拔某人，是因為他們真心認為那個人的魅力值得肯定與鼓勵。

為了變成一個更有魅力的人，我們需要不斷地提升自己的內在。

當你擁有足夠吸引他人的魅力時，自然就能找到人生導師。

如果你的性格過於陰沉、容易沮喪，還經常說他人的壞話或八卦，則難以找到導師。

因為他們只會出現在那些勤奮、有愛心，並且總是抱持著正向思考的人身邊。

人生導師往往喜歡會正向思考的人

097

為成功的人獻上祝福

人們大多認為，美國人在朋友或熟人成功時，會像自己成功一樣，打從心底祝福對方。

同時也有不少人認為，日本人在朋友或熟人成功時，往往會被嫉妒心所困，而無法真心地為對方感到高興。

但無法真心祝福他人成功的人，必定也無法得到任何人的祝福。

所以當你對他人心生嫉妒時，應該回頭看看自己的行為。

這樣或許就能發現需要改善的地方。

成功者也是因為他們在看不見的地方默默付出了許多努力，才能取得現在的地位與財富。

因此，在嫉妒他人之前，我們應該先肯定成功者的努力，並為了不輸給他們，下定決心努力進步。

唯有精神層次較高且充滿愛心的人，才能夠由衷地祝福成功者。

其實，我們在祝福他人時，也能從成功者那裡得到幸福的「氣場」與正能量。因為成功者會將自己的幸福分享給周遭的人。

反之，總是對成功者抱持負面情緒的人，則會導致自己朝不好的方向發展。

倘若實在無法由衷地祝福成功者，你也可以像這樣進行祈禱：

「願成功的人都能變得更加幸福。」

「願世間眾生都能獲得幸福。」

試著在每天晚上睡覺前，念出這兩句話為大家祈禱吧。

只要長期持續下去，內心便能逐漸得到淨化。

直到你能真心盼望成功者與所有人都能獲得幸福時，即便你不求任何回報，亦會有源源不絕的好運降臨在你身上。

只要發自內心祝福他人，便能獲得幸福的「氣場」

098 累積自己所需的實績

要在自己喜愛的工作領域中有所表現，有時候可能需要一個頭銜。而與頭銜同樣重要的，還有「實績」。

為了累積實績，即便是再小的案件都可以嘗試看看。

而且在這個階段，最好不要太在意報酬的問題。

倘若一開始就只想著賺錢，容易表現出急功近利的態度，進而給對方留下不好的印象。

比起金錢，累積實績才是最重要的。

隨著實績增加，自然就能獲得相對應的收入。

即便只是參與一些小型工作或志工服務，也要懷抱感恩之心，並全力以赴做到最好。

總有一天，這些努力必定會開花結果，因此你無須心急。

不過，應該也有不少人會因為不知道該如何累積實績而感到煩惱不已。

對於這樣的人，我會建議他們先找身邊的熟人討論。

現在擔任芳療師的香澄小姐（化名），就曾經一邊在公司上班，一邊參加芳香療法的課程，學習身體護理技術，以及研究精油與人體的相關知識。

但她卻不知道該如何將所學轉化為實際的工作，因而感到相當煩惱。

就在這時，有位公司同事私下介紹了一位因出差而疲憊不已，希望能體驗身體護理的女性顧客給香澄小姐。

於是香澄小姐藉由這個機會累積了第一筆實績，並透過對方的人脈陸續認識了許多客戶，最終成功開設了自己的芳療沙龍。

正所謂積少成多，只要積極累積這些小實績，有天必定能為我們帶來更大的工作機會。

隨著實績增加，自然就能獲得相對應的收入

099

採取不執著的生活方式

「我無論如何都要成為有錢人。」

「我一定要得到地位與名聲。」

當一個人過於強烈地抱持這種利己的執著（也可以說是私慾）時，就會讓幸運無法降臨在自己身邊，自然也難以實現夢想。

因為神明只會將好運賜予那些不貪婪、活得通透的人。

據說那些不過度貪婪，並且能輕鬆說出「A或B都可以」的人，反而更容易得到自己真正渴望的事物。

或許在神明眼裡，對某件事過度執著是一種令人不悅的行為。

所以神明才會受到那些純粹地為他人著想、不執著於金錢或地位的人吸引，並將好運賜予他們。

有時太過執著，也會讓人變得想要控制他人。

過去就有一位企業家，非常急功近利。

他總想把所有事情都掌控在自己手中，因此他的員工與身邊的人對他多少都有些反感。

後來，他成立了一個成功補習班，並強迫熟人或在異業交流會上認識的人加入。雖說學費昂貴，但大家受不了他的死纏爛打，只能選擇參加，然而大多數的人都中途退出了。

最終，這個補習班因為惡評四起而關門大吉。

若一個人像那位企業家一樣充滿私慾，身邊的人終究會離他而去。

倒不如抱持信念、放下私慾，用從容自在的心態生活，才能帶來好運。

不急功近利的人才能招來好運

100

以成為專家為目標

若想在自己喜歡的工作中闖出一片天，就必須掌握真正的知識與技術。

否則將來可能會遭到他人指責，甚至犯下嚴重錯誤。

因此，我們必須了解自己的不足之處並加以學習，成為一位真正的專家。

畢竟，成功者不會停下學習與研究的腳步。

倘若一成功就驕傲自滿，總有一天會不小心落入陷阱。

為了成為真正的專家，你可以透過閱讀該領域專家的書籍進行研究，或是參加研討會，學習自己所欠缺的技能。

只要你打從心底認為「這就是我真正想做的工作」，那麼不論學習什麼內容，你應該都能樂在其中。

但如果你在學習過程中感到非常痛苦，就代表這並不是你真正想從事的工作。

近年來，愈來愈多人採取本業與副業雙軌並行的方式從事多份工作，以此滿足生活所需。

然而，像這樣擁有多份工作的人，往往會讓別人搞不清楚你究竟是做什麼的。

雖然這麼做可能會讓生活變得有些艱辛，但若想成為真正的成功者，就必須作為某個領域的專家，全心全意投注於單一事業。

倘若經濟許可，成為某個領域的專家會是更明智的選擇。

假設你的目標是成為手工藝教室的老師，那就應該好好磨練自己的手工藝技能，努力在這個行業發光發熱。

所謂的副業，充其量只是我們實現夢想前的過渡工具。

當你精通於某個領域時，終將會獲得眾人的認可。

如果條件允許，最好專注於單一事業

■ 作者簡介

植西聰

作家，出生於東京都，畢業於學習院附設高中與學習院大學，而後進入資生堂工作。獨立創業後致力於人生哲學的研究，建立了獨創的「成心學」理論，並開始以寫作鼓舞人心。1995年取得產業顧問資格（勞動大臣認定資格）。

著作包括暢銷書《「折れない心」をつくるたった 1つの習慣》、近期作品《今日の自分を強くする言葉》（青春出版社）、《くじけない心のつくりかた》（あさ出版）、《心の免疫力》（笠間書院）等多部作品。

今天，也要順順過

讓生活不卡關的祕訣100

出　　版／楓葉社文化事業有限公司
地　　址／新北市板橋區信義路163巷3號10樓
郵政劃撥／19907596 楓書坊文化出版社
網　　址／www.maplebook.com.tw
電　　話／02-2957-6096
傳　　真／02-2957-6435
作　　者／植西聰
翻　　譯／曾薏珊
責任編輯／吳婕妤
內文排版／謝政龍
港澳經銷／泛華發行代理有限公司
定　　價／380元
初版日期／2025年8月

國家圖書館出版品預行編目資料

今天，也要順順過：讓生活不卡關的祕訣100 / 植西聰作；曾薏珊譯. -- 初版. -- 新北市：楓葉社文化事業有限公司, 2025.08
面；　公分
ISBN 978-986-370-832-2（平裝）
1. 生活指導 2. 幸福
177.2　　114008877